le guide du
nouveau-né

LAROUSSE

Direction de la publication
Isabelle Jeuge-Maynart

Direction éditoriale
Carole Bat

Coordination éditoriale
Nathalie Cornellana
avec la collaboration de Elisabeth Andréani et Dominique Rougier pour l'écriture des textes

Conseiller pour la pédiatrie
Dr Jacky Israël, pédiatre néonatalogue

Relecture correction
Édith Zha

Conception et direction artistique
Emmanuel Chaspoul assisté de Cynthia Savage
Isabelle Chemin (en savoir+, dossiers)

Mise en page
Natacha Marmouget

Couverture
Véronique Laporte

Fabrication
Annie Botrel

Photographies
Les photographies sont de Anne-Sophie Bost à l'exception des photographies suivantes :
1 p.8, 3 et 4 p.9, pp.18-19, pp.30-31, pp.40-41, p50, p.51 bg et hd, pp.58-59, p.68-69, pp.78-79, p.83, p.85 hg, hd, p.87, p.88-89, p.104, p.107, p.109, p.110, pp.114-115 © Larousse/Olivier Ploton ;
La photographie p.51 bd est extraite de *Déco Fimo et pâtes durcissantes*, éd. Dessai & Tolra/Larousse 2004, auteures Irène Lassus et Marie-Anne Voituriez, Styliste Pacale Chombart de Lawe, Photographe Francis Waldman

L'éditeur remercie également Maud et Léonie, Cécile et Raphaël, Karine, Cassandre et Jules, Isabelle et Thomas, Anna et Margaux, Émilie ainsi que Marie-Cécile Haingue.

ISBN : 978 2 03 582304 5

Sommaire

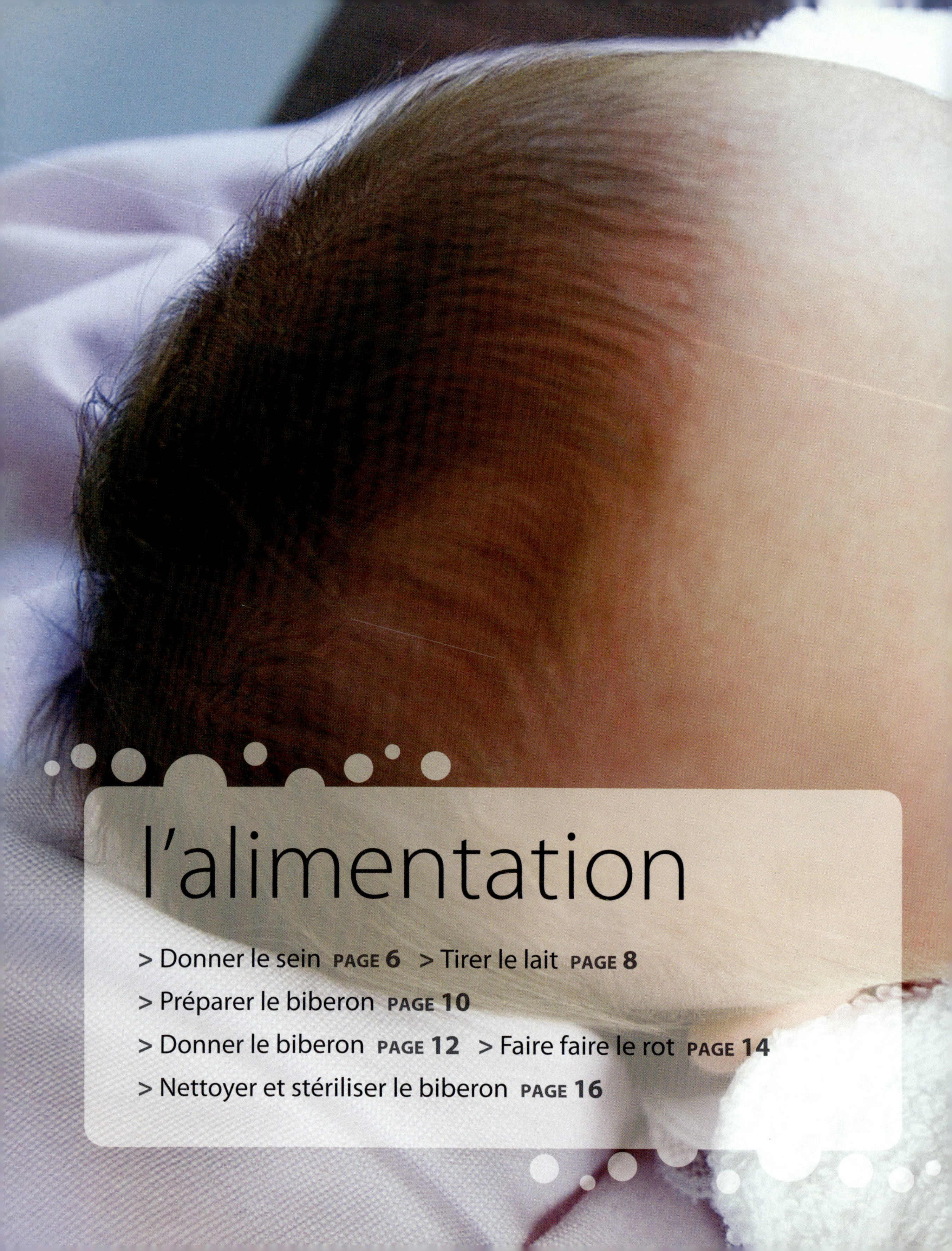

l'alimentation

Donner le sein

L'allaitement nécessite souvent une période d'adaptation de quelques jours. Dès que vous aurez trouvé la position qui vous convient le mieux pour allaiter et la façon de placer votre bébé, vous pourrez alors savourer pleinement ces moments privilégiés.

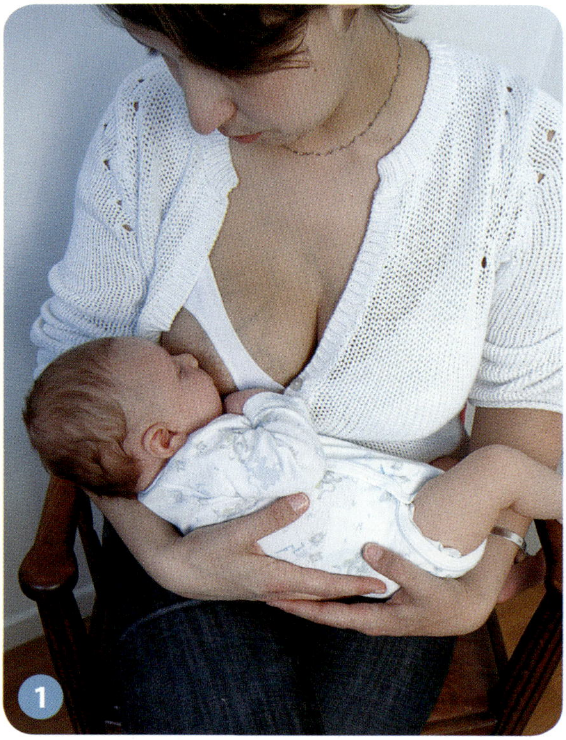

① Assise sur une chaise

Installez-vous bien le dos contre le dossier de la chaise et, si besoin, glissez un coussin pour que vous n'ayez pas à vous pencher vers votre enfant. Surélevez vos jambes ou, à défaut, croisez-les. Mettez la tête de votre bébé au creux de votre bras. Vous pouvez placer en dessous un (ou deux) coussins afin que votre bébé soit tout contre vous et à hauteur du sein.

② Allongée

Allongez-vous sur le lit en chien de fusil, la cuisse éventuellement surélevée par un coussin. Pour que votre nuque soit détendue, posez la tête sur un coussin (vous pouvez aussi la poser sur votre bras replié). Installez votre bébé sur le lit, tout contre vous : le visage tourné vers votre sein et son ventre contre le vôtre.

③ Assise dans un canapé

Asseyez-vous bien au fond du canapé, le dos maintenu par des coussins ou des oreillers. (Il existe des coussins d'allaitement remplis de micro-billes, qui vous aideront à bien vous caler ainsi que votre bébé.)
Vous ne devez pas sentir de tension et pouvoir ramener le buste en avant sans effort. Placez votre tout-petit contre vous en veillant à ce que son oreille, son épaule et sa hanche soient dans le même alignement.

④ Une tétée efficace

Quelle que soit la position que vous aurez adoptée, veillez à ce que le bébé aussi soit bien placé et qu'il n'ait pas à tourner la tête pour téter. Introduisez alors le mamelon entièrement dans sa bouche et autant d'aréole (zone colorée) que possible. Vérifiez que ses lèvres sont retroussées vers l'extérieur du sein. Vous pouvez voir sa tempe bouger au rythme des succions et, lorsqu'il déglutit, vous devinez des mouvements derrière l'oreille.

Pour éviter les crevasses

Il est souvent difficile de retirer le sein à un bébé, même rassasié, car il continue à le sucer pour le plaisir. Si vous le faites brusquement, vous risquez d'avoir mal au sein et d'avoir des crevasses, ce qui est également douloureux. Pour éviter cela, caressez-lui le coin de la bouche, celle-ci s'ouvrira systématiquement, vous pourrez alors retirer votre sein sans problème.

2

3

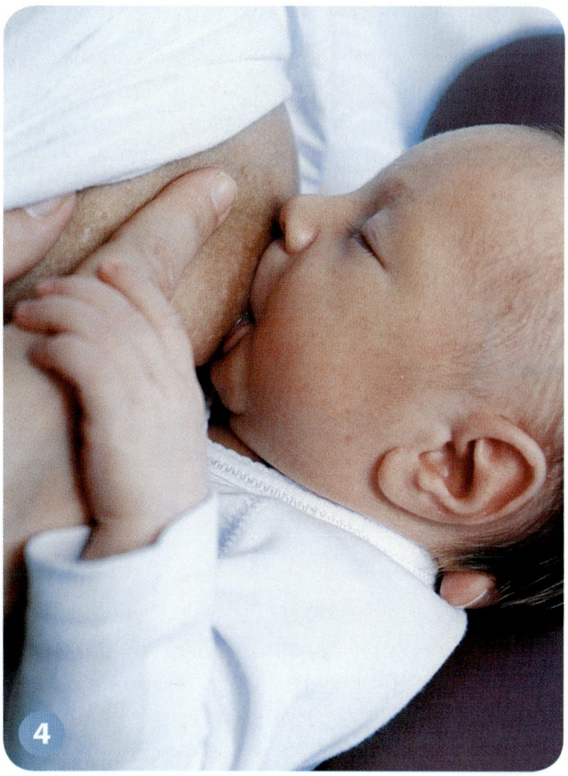

4

Tirer le lait

Si vous avez envie de disposer de quelques heures de liberté, ou de faire une nuit presque complète… vous pouvez tirer votre lait à l'avance et le stocker. Quel que soit le modèle choisi, manuel ou électrique, attendez que l'allaitement soit bien installé.

① Le tire-lait électrique

Choisissez plutôt ce modèle si vous souhaitez tirer votre lait régulièrement, car il est plus efficace, mais il est lourd et encombrant. Vous pouvez le louer dans une pharmacie (à la semaine). Suivez le mode d'emploi indiqué au dos de l'appareil pour relier le biberon à la pompe, puis branchez l'appareil.

② Placer le tire-lait

Lavez-vous les mains. Installez-vous à votre aise, puis placez l'embout sur votre mamelon, en veillant à bien l'englober. Actionnez l'interrupteur en mettant la puissance au minimum. Puis augmentez-la régulièrement, l'extraction ne doit pas être douloureuse.

③ et ④ Le tire-lait manuel

Plus adapté à un usage ponctuel, le tire-lait manuel est léger et peu encombrant. Lavez-vous les mains avant toute utilisation.

Conserver son lait

Il est conseillé de tirer le lait le matin, la production étant plus importante. Le lait maternel se conserve environ dix heures à température ambiante (de 19 à 22 °C), huit jours dans le réfrigérateur (de 0 à 4 °C) et 6 mois dans le congélateur (- 19 °C). Pour stocker le lait, utilisez des récipients en plastique ou des sachets spéciaux disponibles en pharmacie. Après chaque utilisation, nettoyez soigneusement le matériel, mais il n'est pas nécessaire de le stériliser.

⑤ Placer le tire-lait

Installez-vous confortablement, puis placez l'embout sur votre mamelon en appuyant pour qu'il soit bien couvert. Actionnez la pompe, le lait doit alors couler dans le biberon.

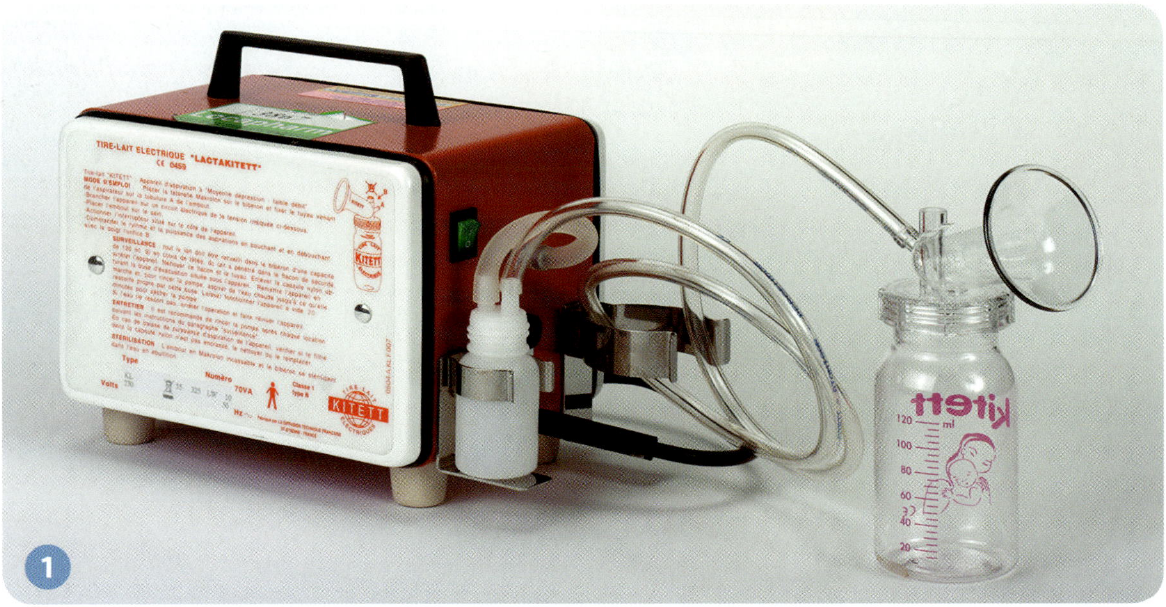

1

3

4

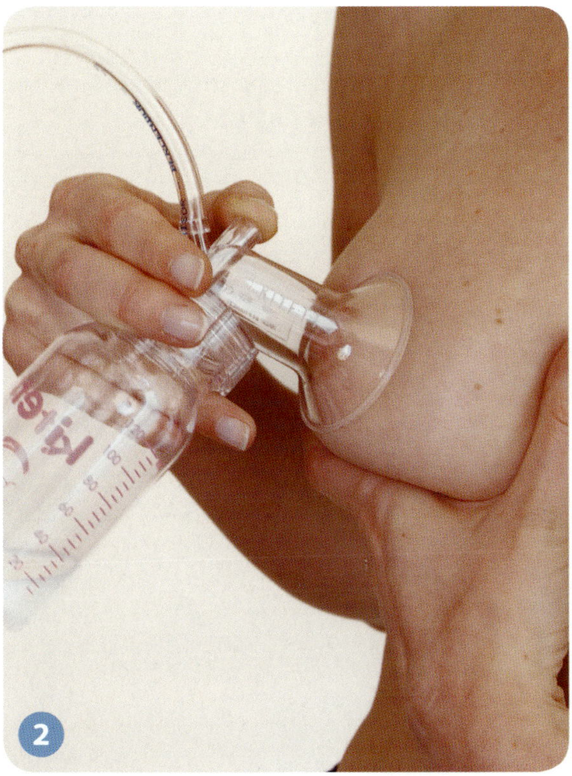

2

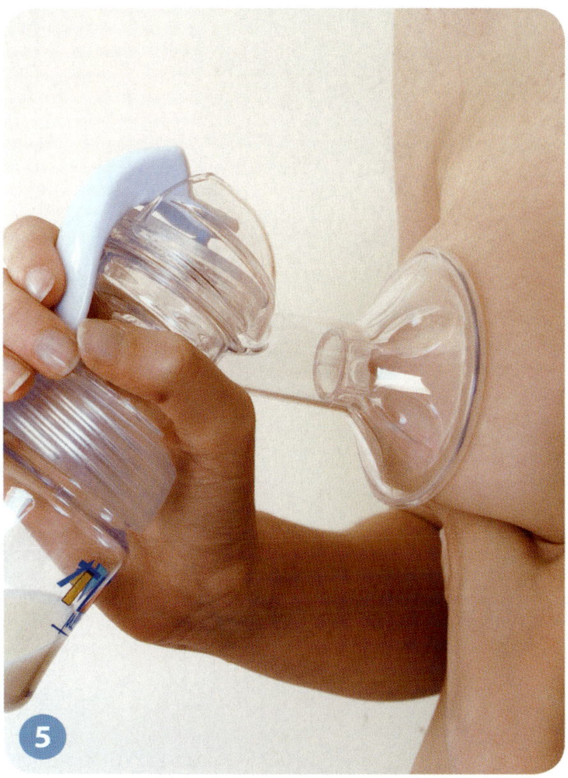

5

Préparer le biberon

Il existe différents types de lait, mais le lait 1er âge est adapté aux besoins du nourrisson (jusqu'à 4-5 mois). Utilisez de l'eau plate en bouteille, minérale ou de source, non fluorée, faiblement minéralisée et portant la mention « convient aux nourrissons ».

① Verser l'eau

Versez la quantité d'eau nécessaire et conformez-vous aux indications du médecin. Vérifiez que le niveau d'eau arrive bien à la graduation souhaitée.

② Mesurer la poudre de lait

Ajoutez la quantité de poudre prévue en comptant une mesurette de poudre rase et non tassée pour 30 ml d'eau. Servez-vous du rebord de la boîte pour enlever l'excédent.

③ Verser la poudre de lait

Faites-le d'un geste sec et au plus près du goulot afin de ne pas en mettre à côté du biberon.

④ Fermer le biberon

Placez la tétine du biberon et la bague de serrage sur le goulot du biberon. Mais veillez à ne pas serrer la bague à fond. Ajoutez le bouchon.

⑤ Agiter

Agitez pour bien mélanger l'eau et le lait. Faites tourner le biberon entre les mains, mais ne le secouez pas de haut en bas pour éviter la formation de grumeaux.

⑥ Vérifier la température

Si vous avez fait chauffer votre biberon, versez un peu de lait à l'intérieur du poignet ou sur le dos de la main, pour en vérifier la température.

Faire participer le père

N'hésitez pas à demander à votre compagnon de donner le biberon : cela vous laissera souffler un peu, mais c'est aussi pour lui un moyen de s'occuper de son bébé, même s'il se sent un peu maladroit au début…

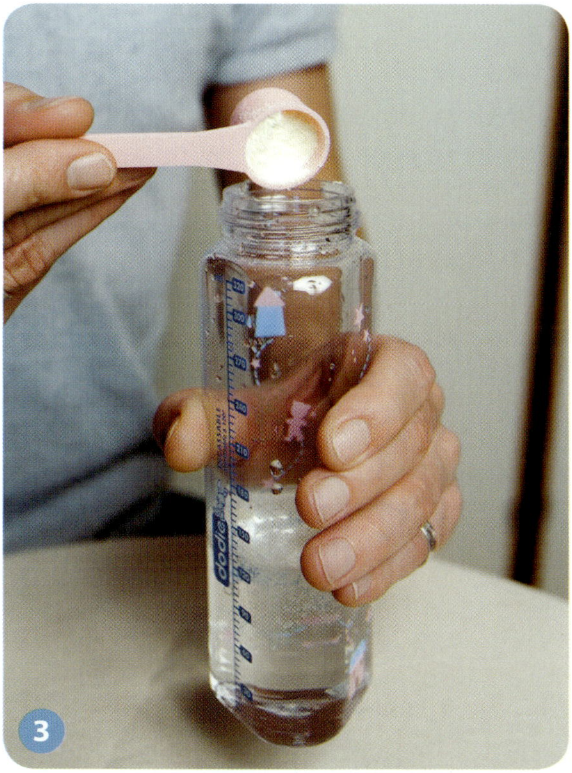
3

4

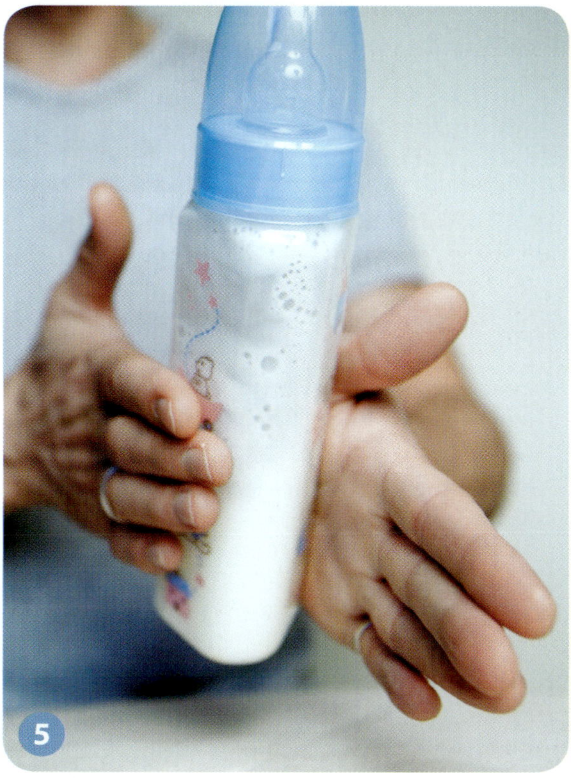
5

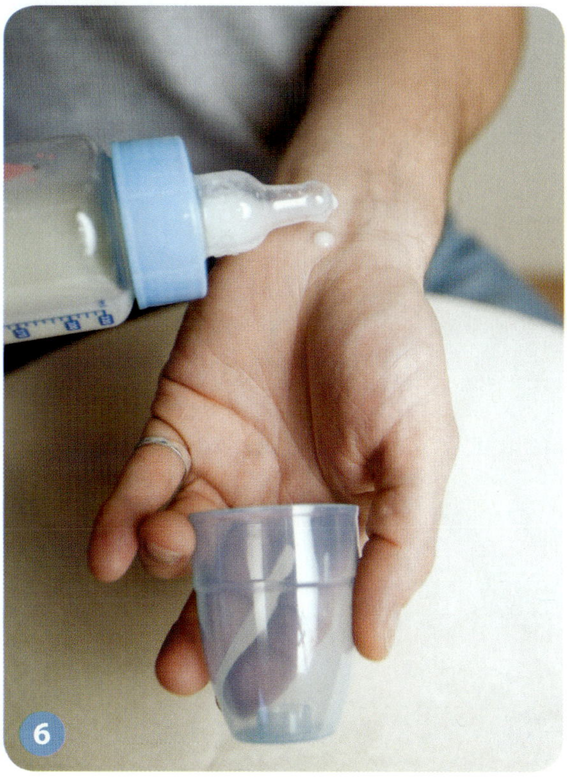
6

Donner le biberon

Vous allez vite trouver les gestes et la position qui vous convient pour donner le biberon à votre bébé. L'essentiel est que vous soyez tous les deux à l'aise, d'autant qu'au cours du premier mois votre bébé prend environ 6 repas par jour.

① La bonne position

Installez-vous confortablement : dans un fauteuil, un canapé, un lit… et au calme. Prenez votre bébé sur vos genoux, puis calez-le au creux de votre bras, en position semi-assise, ni allongé, ni trop droit. Vous pouvez aussi utiliser un coussin pour soutenir votre bras (ou un accoudoir). Attention, pensez à changer de bras pour ne pas avoir de crampes…

② Introduire le biberon

Inclinez le biberon et présentez-le au bébé. S'il n'ouvre pas la bouche spontanément, caressez-lui les lèvres avec le bout de la tétine. Surveillez que la tétine soit toujours remplie de lait pour éviter qu'il n'avale trop d'air. Veillez aussi à ce que le nez de votre enfant soit bien dégagé pour qu'il respire à l'aise. Quand le bébé tète, vous observez des bulles dans le biberon ; s'il fait une pause, faites-lui faire un rot (voir ci-après). S'il tète mais que le lait ne coule pas, dévissez un peu la bague pour faire pénétrer de l'air. Si le bébé boit trop vite, changer la vitesse de la tétine et faites une petite pause.

③ et ④ Avec des jumeaux

Avoir des jumeaux demande davantage d'organisation. Il est conseillé de les nourrir à des heures régulières et simultanément pour laisser à la maman un peu de répit. Mais ce n'est pas toujours très pratique et il faut aussi tenir compte des rythmes naturels des bébés.

Quelle quantité ?

À la sortie de maternité, un bébé boit en général 6 à 7 biberons de 60 ml par jour (dont un la nuit), puis les biberons passent à 90 ml pour arriver en général à 120 ml à la fin du premier mois. Ces dosages sont indicatifs et doivent être adaptés selon l'appétit du bébé et son rythme de croissance. De même, ne forcez pas votre bébé à finir son biberon s'il n'en veut plus.

2

3

4

Faire faire le rot

Le bébé nourri au biberon ingurgite de l'air en tétant : faire un rot lui permettra d'expulser cet air. Vous pouvez lui faire faire son rot à la fin du biberon, ou lors d'une pause s'il boit trop vite ou s'il semble mal à l'aise : il se tortille alors, fait la grimace.

① Contre votre épaule

C'est la position la plus courante. Par précaution, mettez une serviette ou un lange sur votre épaule car le rot s'accompagne parfois de régurgitation. Placez votre bébé debout, contre vous et la tête contre votre épaule. Tapotez-lui doucement le dos ou massez-le. Si le rot ne vient pas, marchez avec le bébé dans les bras, il ne saurait tarder…

② En position assise

Placez votre bébé face à vous, en position assise. Maintenez sa tête avec une main et, de l'autre, tenez-le en tapotant le bas du dos. Quand le bébé se tiendra tout seul, vous pourrez l'asseoir sur le côté, avec les jambes vers l'extérieur.

③ Allongé

Placez votre bébé sur le ventre, allongé en travers de vos cuisses. Veillez à surélever sa tête par rapport au reste du corps pour éviter qu'il ne régurgite. Maintenez la tête d'une main et, de l'autre, massez-lui le dos.

Que faire si le bébé régurgite ?

Ce petit trouble est courant et arrive en général quand le bébé fait son rot après une tétée. Si la régurgitation survient juste après un biberon ou une tétée, inutile de vous inquiéter. Si le bébé régurgite peu et qu'il ne pleure pas, c'est parfois le signe qu'il a trop bu et trop vite. Essayez de réduire la vitesse d'écoulement du lait, ou faites-lui une pause au milieu du biberon. Si votre bébé régurgite systématiquement et beaucoup, s'il pleure, se tortille ou s'il le fait longtemps après un repas, consultez votre médecin, car il peut s'agir d'un reflux gastro-œsophagien dû à un mauvais fonctionnement de l'orifice qui relie l'œsophage à l'estomac, et qui disparaîtra autour de l'âge de 1 an. Si votre enfant mange avec difficulté et régurgite facilement, cela peut être dû au muguet (mycose), qui se manifeste dans la bouche sous forme de plaque blanches. Consultez alors votre médecin.

Peut-on préparer un biberon à l'avance ?

Non, car le lait pourrait devenir un bouillon de culture pour les bactéries, pouvant alors provoquer une gastro-entérite. Vous pouvez, en revanche, préparer un biberon d'eau tiède et le laisser dans un sac isotherme, et ajouter le lait en poudre juste avant de le faire boire. De même, si votre enfant n'a pas terminé son biberon, jetez le reste aussitôt.

1

2

3

Nettoyer le biberon...

Une hygiène rigoureuse est indispensable, surtout les 6 premiers mois. Prenez donc l'habitude de nettoyer soigneusement le biberon ainsi que la tétine après chaque utilisation, que vous stérilisiez ou non votre biberon.

① Le biberon

Vider le biberon si le bébé ne l'a pas fini et rincez-le. Puis lavez-le avec de l'eau chaude et du liquide vaisselle en utilisant le goupillon pour retirer toute trace de lait. (Conseil : ne mettez pas le goupillon dans un biberon plein d'eau, sinon vous risquez d'être éclaboussée...)
Puis rincez-le minutieusement et laissez sécher. Vous pouvez aussi le mettre dans le lave-vaisselle ainsi que les accessoires ; il est alors conseillé de les passer sous l'eau pour retirer toute trace de produit de rinçage.

② La tétine

Retirez la tétine de la bague de serrage.
Avec un petit goupillon réservé à cet usage, nettoyez avec soin la tétine, la bague de serrage et le bouchon en procédant comme pour le biberon.

Respecter quelques règles d'hygiène

- **Lavez-vous les mains systématiquement avant de manipuler le biberon et ses accessoires, même pour les nettoyer !**
- **Avant de poser les différents éléments, pensez à nettoyer aussi votre plan de travail.**
- **Pour essuyer, utilisez de l'essuie-tout jetable plutôt que le torchon de cuisine.**
- **Veillez à ce que le biberon soit bien sec avant de le préparer.**

...et stériliser

Les avis divergent sur la nécessité de stériliser ou non les biberons pour un nouveau-né. Si cela vous rassure, faites-le. Cela ne vous dispense pas pour autant du lavage du biberon ni des précautions d'hygiène précédemment décrites.

① La stérilisation à chaud

Quelque soit le mode de stérilisation, vous devez d'abord nettoyer, rincer et égoutter les biberons, tétines, bagues et chapeaux. Vérifiez bien qu'il ne subsiste aucune trace de lait. Placez-les ensuite dans le stérilisateur soit pêle-mêle, soit dans des compartiments, les biberons étant généralement retournés et immergés. Recouvrez le bac avec son couvercle, placez-le dans le micro-ondes et suivez la notice du fabricant pour la puissance et la durée ; la stérilisation dure en général une dizaines de minutes. C'est un moyen rapide, pratique, mais il faut avoir un micro-ondes !
Si vous utilisez un stérilisateur électrique, la stérilisation se fait aussi en une dizaine de minutes environ, cependant le système est assez onéreux et il est plus encombrant.
Vous pouvez aussi mettre biberons et accessoires dans l'eau bouillante en les laissant respectivement 30 et 15 secondes, c'est le système le moins onéreux, mais pas pratique !

1

La stérilisation à froid

Ajoutez une pastille (ou le liquide de stérilisation) dans le bac qui contient les biberons et les accessoires recouverts d'eau (vérifiez qu'ils sont bien complètement immergés et qu'ils ne sont pas les uns sur les autres). Laissez agir 30 minutes environ (voir le temps indiqué sur la notice du fabricant). Rapide, économique, un léger goût de chlore peut toutefois persister.

Jusqu'à quel âge faut-il stériliser les biberons ?

Il est plutôt conseillé de stériliser les biberons jusqu'à l'âge de 3 mois, 5 mois au maximum. La stérilisation n'est pas indispensable, d'ailleurs c'est souvent une pratique que l'on abandonne avec le 2e enfant...

EN SAVOIR +

Les laits artificiels

Ces laits, élaborés sur le modèle du lait maternel, pour la plupart à partir de lait de vache, sont soumis à une réglementation précise et rigoureuse qui garantit leurs **qualités nutritionnelles** et sanitaires. La quantité de protéines est adaptée pour éviter tout excès d'apport protéique par rapport au lait maternel. De plus, les laits « maternisés » sont enrichis en acides gras essentiels d'origine végétale, en acides aminés, en vitamines et en minéraux. On distingue :

- les laits dits « **1er âge** » ou « **pour nourrissons** », qui sont adaptés aux besoins des bébés de la naissance jusqu'à 4-5 mois ;
- les laits dits « **2e âge** » ou « **laits de suite** », qui sont plutôt destinés aux bébés de 6 mois, ayant au moins un repas quotidien sans lait ;
- Les laits « **de croissance** », qui conviennent aux enfants à partir de 1 an et jusqu'à 3 ans.

Les laits pour nourrissons sont donc, de nos jours, bien adaptés à l'organisme du bébé. Ils n'ont pas cependant toutes les qualités du lait maternel : ainsi ils sont dépourvus d'**anticorps** qui protègent le bébé contre certaines infections. Ils sont également moins digestes que le lait maternel, dont la composition s'adapte aux besoins du bébé.

Attention au bisphénol A (BPA)

Certains biberons en plastique contiennent du BPA, nocif à forte dose. Par précaution, ne gardez pas les biberons trop usés et ne les surchauffez pas

Matériel

Les biberons sont en **verre** ou en **plastique**. Les premiers sont plus faciles à nettoyer, mais peuvent se casser : plutôt à réserver les premiers mois, car le bébé est moins agité ; les seconds sont incassables, plus légers, mais ils deviennent vite ternes après plusieurs lavages, et les graduations, difficiles à lire. Il en existe plusieurs formes : **cylindriques** (classiques !), **triangulaires** (plus stables), **coudés** (conçus pour éviter que le bébé n'avale de l'air), ou aux formes plus originales, à vous de choisir ! Assurez-vous que vous le tenez bien en main et que le nettoyage est facile. Pour assurer le roulement quotidien, prévoyez d'acheter 6 biberons de 240 ml.

Les tétines sont soit en caoutchouc (plus souples, mais pouvant laisser un goût dans la bouche), soit en silicone (plus dures, plus lisses, mais sans goût). N'hésitez pas à changer de modèle si votre bébé ne semble pas à l'aise pour téter.

EN SAVOIR+

Attention aux médicaments

Si vous allaitez au sein, ne prenez aucun médicament, même s'il est en vente libre et semble sans danger, sans en parler auparavant à votre médecin.

Comment savoir si le bébé boit assez ?

Observez votre bébé : s'il ne finit pas son biberon ou qu'il le repousse, c'est qu'il n'a plus faim ; s'il trépigne, crie et manifeste son mécontentement, augmentez la quantité de lait (de 30 ml d'abord). Vérifiez que votre bébé mouille 5 à 6 couches et fait au moins 2 à 5 selles par jour. Vous pouvez aussi le peser pour contrôler sa prise de poids. Si vous allaitez, essayez de repérer s'il tète vigoureusement et si vous l'entendez déglutir. Quand les succions s'espacent, si la tétée ne reprend pas même en le stimulant, c'est qu'il n'a plus faim (la durée d'une tétée au sein peut aller de 10 à 20 minutes).

Que faire si le bébé a le hoquet ?

Rien… ! Le hoquet est courant chez les nourrissons, mais pas inquiétant. Il se déclenche quand l'enfant boit trop vite et avale de l'air. L'estomac se gonfle, stimulant le diaphragme qui se contracte, et les vibrations de la glotte transmises aux cordes vocales provoquent ce petit son caractéristique : « hic ». Pour éviter le hoquet, faites des pauses durant la tétée. Si d'autres signes sont associés au hoquet (régurgitations, tortillements, perte d'appétit), consultez le médecin.

Peut-on utiliser le micro-ondes pour faire chauffer le biberon?

Réchauffer le biberon au micro-ondes est pratique et rapide, ce qui est appréciable quand le bébé est affamé. Le seul risque est que le lait soit trop chaud, vérifiez donc systématiquement la température en en faisant couler quelques gouttes sur le dos de votre main ou votre poignet avant de donner à boire à votre bout de chou. Attention, le biberon se fait réchauffer sans accessoires (sans tétine, ni bouchon).

Est-il possible d'allaiter des jumeaux ?

Oui, il est tout à fait possible d'allaiter des jumeaux, mais cela demande à la mère d'être très disponible et disposée à passer plusieurs heures à cette activité. Certaines mères choisissent donc de nourrir les deux bébés en même temps, ou l'un juste après l'autre. D'autres préfèrent laisser chacun à son propre rythme et les nourrir à la demande. Elles trouvent cela plus facile et plus satisfaisant du point de vue relationnel.

CÔTÉ PSY

Les relations mère-enfant pendant l'allaitement

Dès sa naissance, le bébé possède un éventail d'émotions et de comportements interactifs qui vont progressivement se développer au fil des semaines. Un contact très fort va s'établir entre votre enfant et vous-même, et vous allez apprendre à vous comprendre en utilisant tout ce qui se passe de mots – les gestes, le regard, le sourire. L'allaitement est un de ces moments privilégiés avec votre bébé. La plupart des mères qui ont déjà donné le sein le confirmeront : le plus grand bénéfice se trouve dans l'intensité du lien qui se tisse entre la maman et son bébé. C'est le contact de peau à peau, de regard à regard, les câlins et les gazouillis qui en font une expérience si riche. Le rôle du père est également important, même s'il ne peut pas allaiter, son soutien est précieux et constitue une clé importante pour le bon déroulement de l'allaitement.

Mon Oie

la toilette

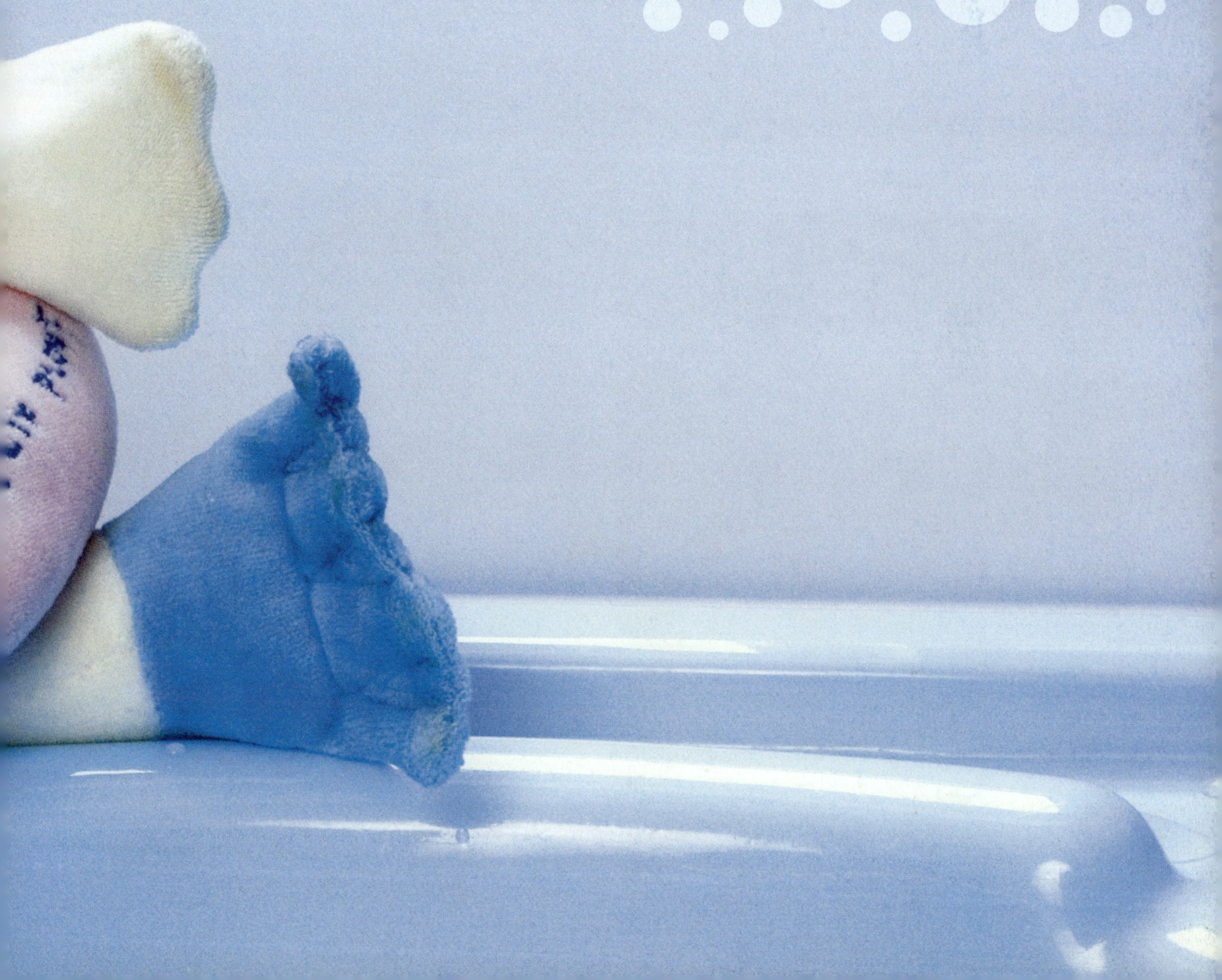

Nettoyer le visage

Les soins du visage se font quotidiennement, même si les bébés n'aiment pas trop qu'on leur nettoie les yeux. Vous vous familiariserez très vite avec ces gestes de soins qui deviendront des moments privilégiés d'échange et de douceur.

① et ② Les yeux

Passez délicatement sur l'œil une compresse stérile imbibée d'eau minérale ou de sérum physiologique, en allant de l'angle interne, près du nez, à l'angle externe. Changez de compresse pour l'autre œil.

③ Les oreilles

Roulez en mèche un morceau de coton imbibé d'eau minérale ou de sérum (mais n'utilisez pas de Coton-Tige). Faites tourner la tête du bébé sur le côté et nettoyez le pavillon de l'oreille en passant bien dans tous les plis. Limitez-vous à l'entrée du conduit, car, en insistant, vous risqueriez de tasser le cérumen plus loin vers le tympan et d'occasionner la formation d'un bouchon. Prenez un autre coton pour l'autre oreille.

④ Le nez

Roulez en mèche un petit bout de coton humecté de sérum physiologique et passez-en l'extrémité doucement à l'entrée des narines en veillant à ne pas trop l'enfoncer. Pour humidifier la muqueuse nasale, vous pouvez aussi instiller quelques gouttes de sérum physiologique dans chaque narine. L'important est d'enlever toutes les petites croûtes qui peuvent gêner, notamment lors des repas, la respiration du nouveau-né.

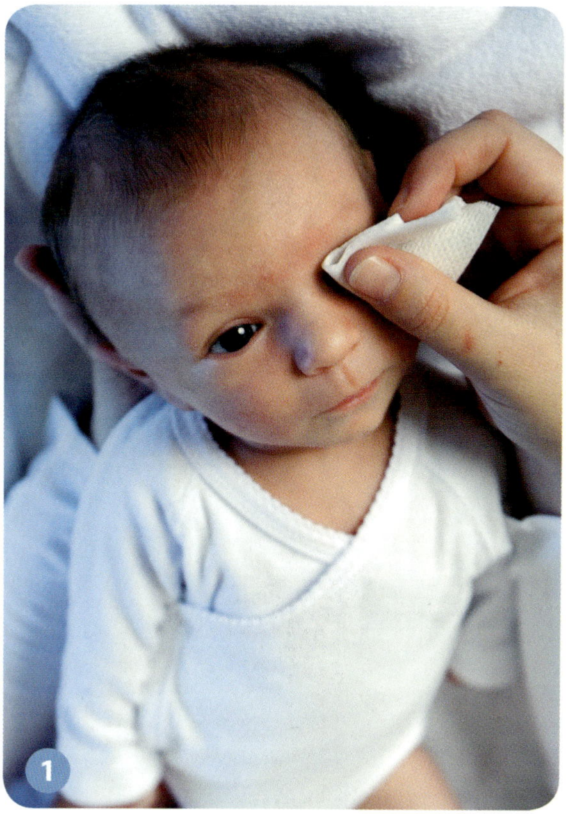

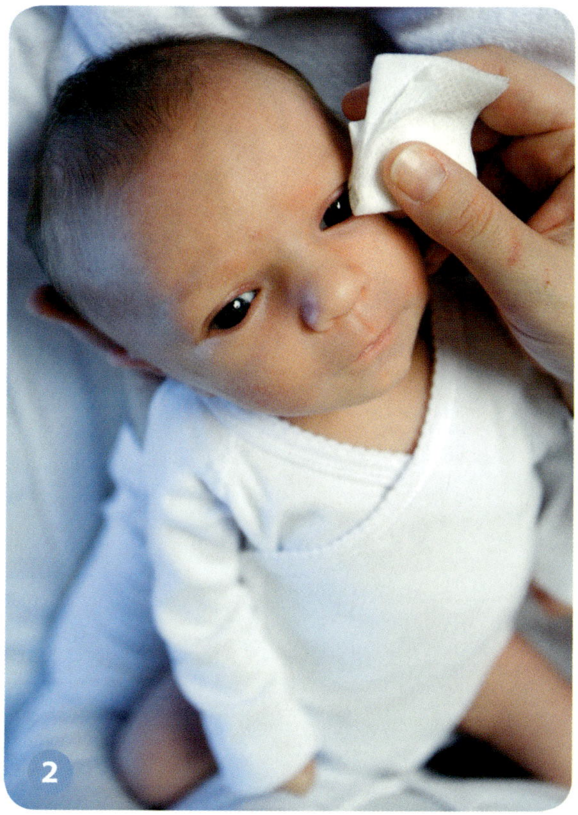

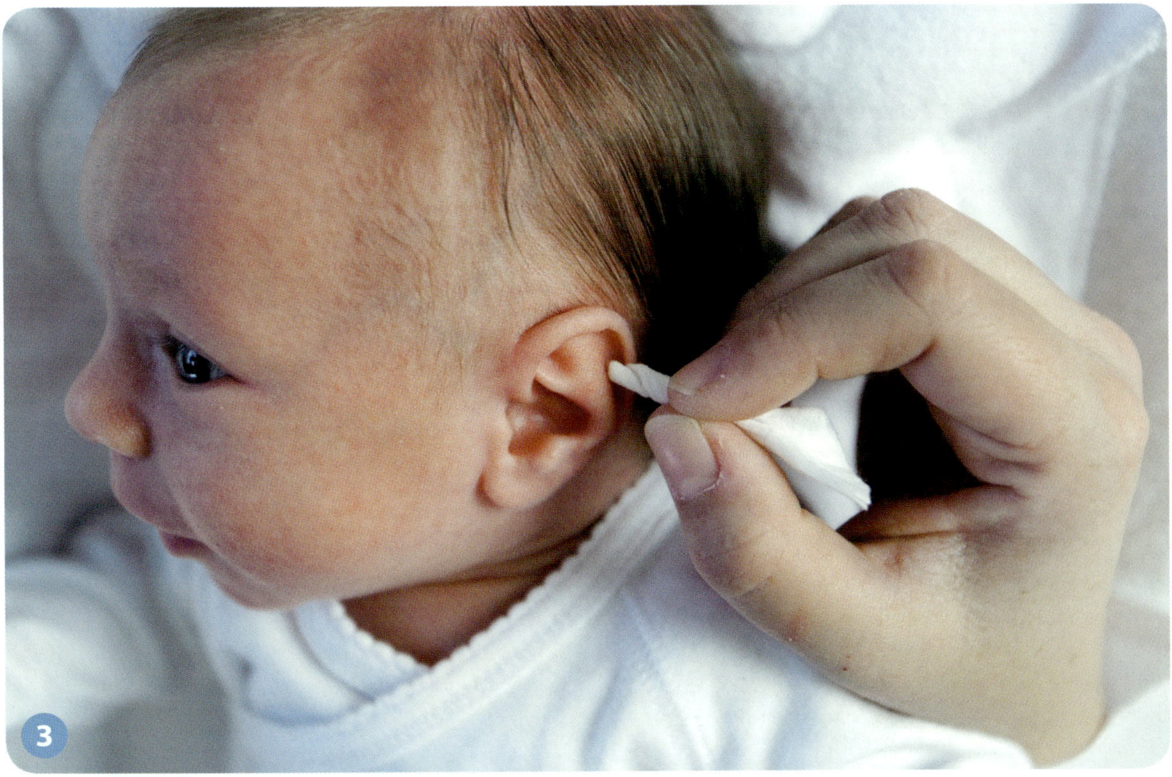
3

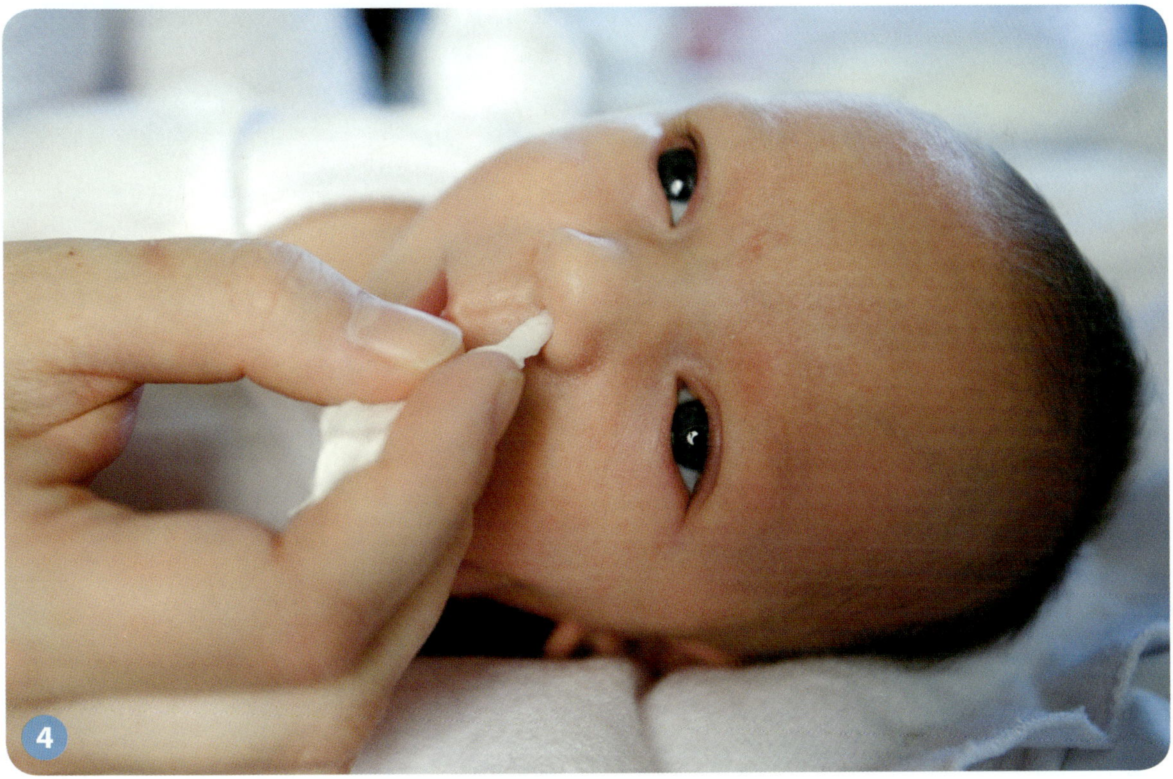
4

Cheveux et ongles

Que le bébé ait beaucoup de cheveux ou non, il est conseillé, comme pour le visage, de les laver quotidiennement. Sauf si les ongles sont particulièrement longs, il vaut mieux éviter de les couper durant le premier mois.

① Masser le cuir chevelu

Pour prévenir les croûtes de lait qui peuvent se former sur le cuir chevelu, nettoyez-le tous les jours à l'eau et au savon. Si des croûtes se sont formées, enduisez le crâne du bébé de vaseline ou de crème hydratante le soir. Lavez et rincez le lendemain matin, les croûtes ainsi ramollies se décolleront facilement. N'utilisez jamais de sèche-cheveux, car il pourrait provoquer des brûlures. Les mamans craignent souvent de toucher les fontanelles, mais n'ayez crainte, ces membranes sont souples, mais solides.

② Passer la brosse douce

N'utilisez pas de brosse ordinaire, mais achetez une brosse spécial bébé. La brosse douce permettra d'éliminer les petites desquamations du cuir chevelu sans faire mal à votre petit. Passez-la une fois par jour. Toucher le cuir chevelu peut avoir un effet relaxant chez certains bébés, comme le montre cette photo…

③ et ④ Les ongles

Achetez une paire de ciseaux à bouts ronds, vendus au rayon puériculture. Pensez à désinfecter les lames avant chaque utilisation. Prenez la main de votre bébé dans votre main gauche (si vous êtes droitière, sinon dans votre main droite si vous êtes gauchère), en mettant votre pouce sur le dessus de sa main et l'index dessous. Écartez ses doigts et maintenez-les fermement. Prenez les ciseaux avec la main libre et commencez par couper l'ongle du pouce, sans aller au ras, laissez une petite ligne blanche. En coupant, essayez d'arrondir le bout de l'ongle. Si vous n'y arrivez pas, utilisez une lime. Procédez de même pour l'autre main ainsi que pour les pieds.

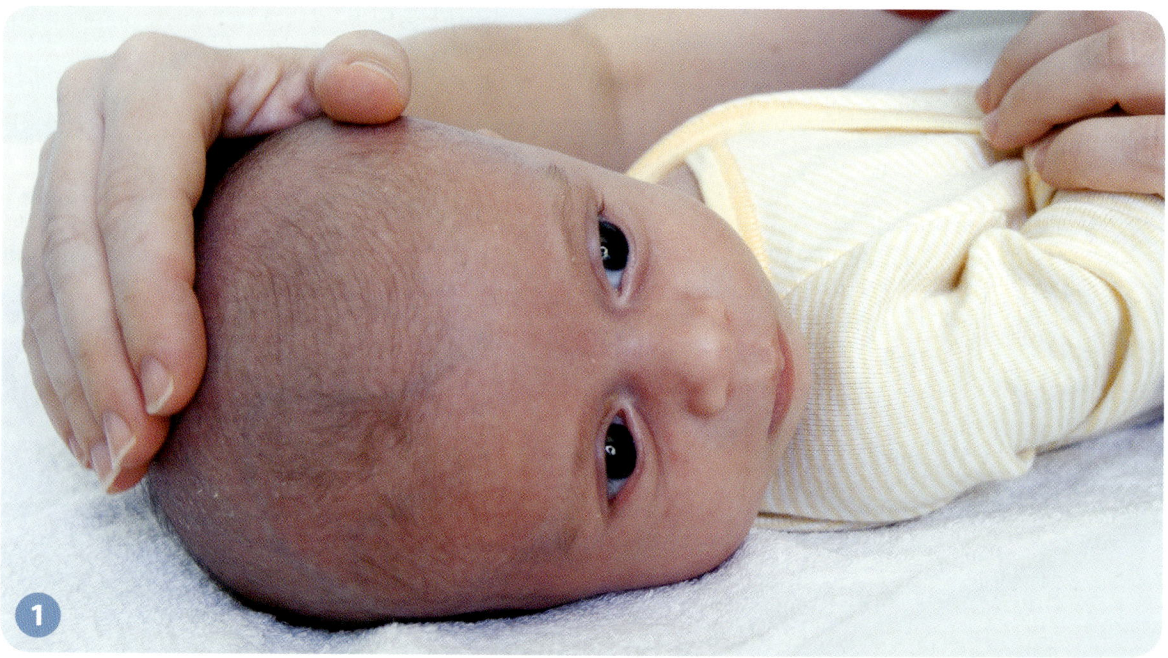

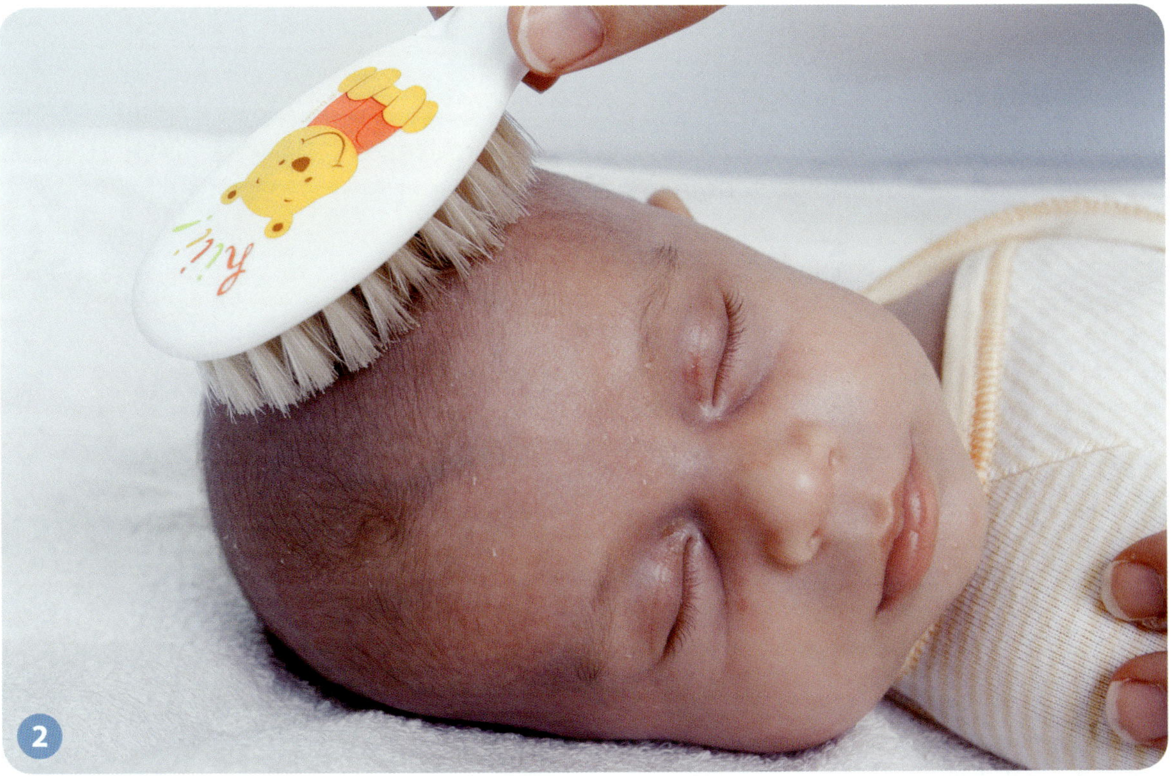
2

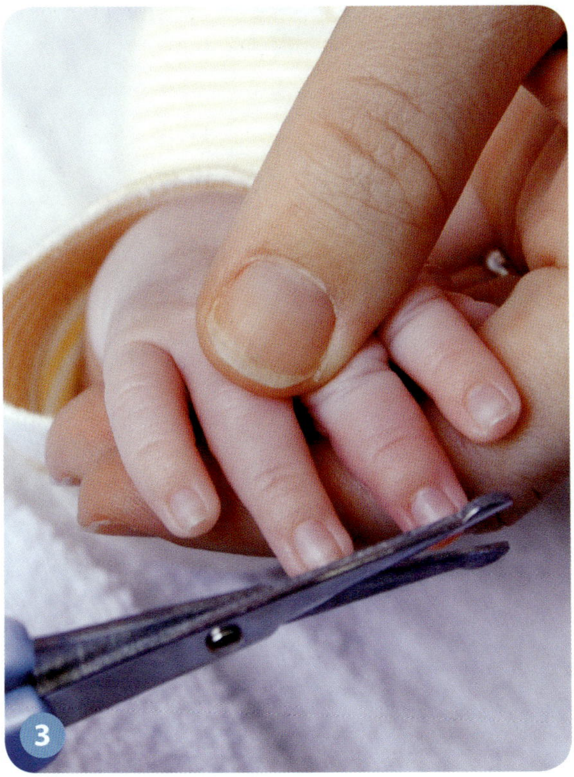
3

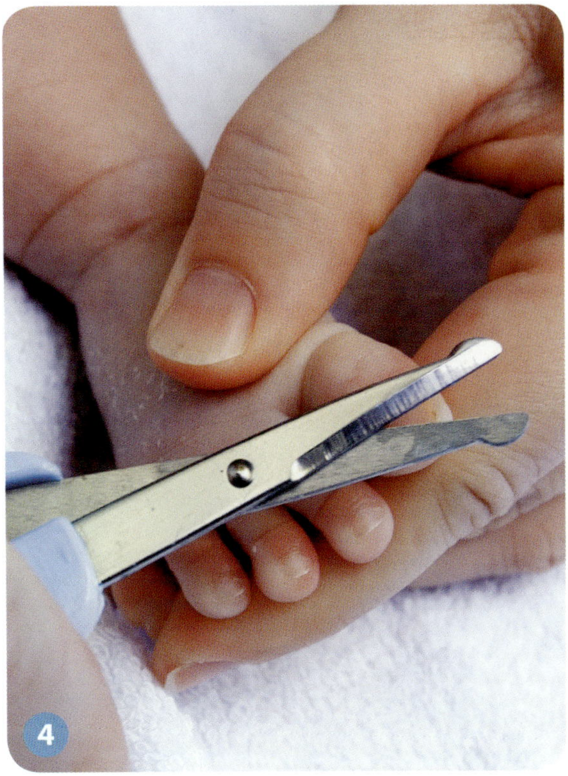
4

Donner le bain

Le bain est en général un moment que vous apprécierez, mais si vous n'êtes pas très à l'aise, que vous n'avez pas le temps ou bien si vous êtes fatiguée, vous pouvez le reporter au lendemain, cela sera sans conséquence.

Vérifiez avant de déshabiller votre bébé que la température de la pièce est entre 22 et 25°C pour qu'il n'ait pas froid. Fermez éventuellement la fenêtre. Faites couler l'eau et assurez-vous avec le coude ou le dos de la main (ou un thermomètre de bain) que la température est tiède (autour de 37 °C). Placez dès à présent une serviette sur la table à langer pour la sortie du bain, et laissez-en également une autre à proximité en cas de pipi…

① Nettoyer le siège

Lavez-vous bien les mains puis déshabillez votre bébé sur la table à langer. Nettoyez ensuite le siège avec du coton et du lait (ou du savon doux). Faites une toilette plus soignée si le bébé a fait des selles, pour que l'eau du bain ne soit pas souillée.

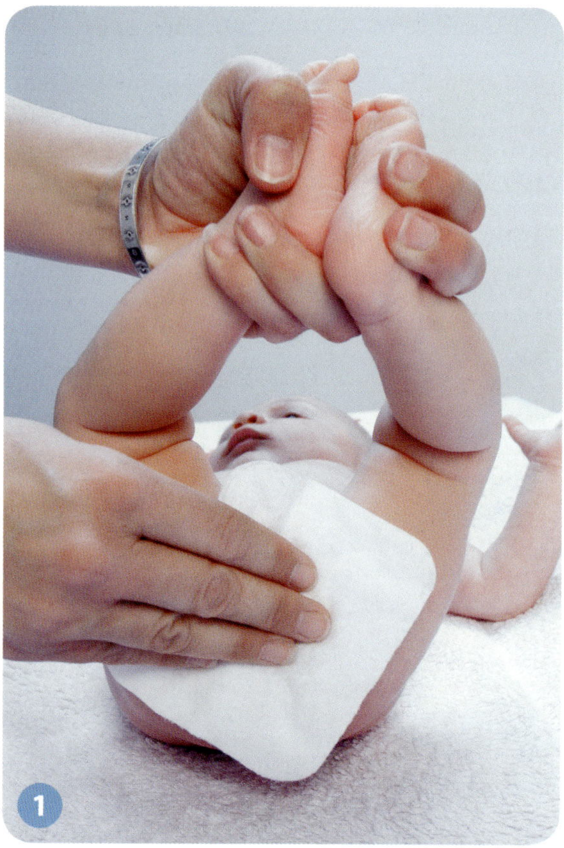

② et ③ Savonner le corps

Savonnez directement avec les mains en utilisant un savon ou du liquide antiallergisant (un savon de Marseille peut aussi convenir). Nettoyez votre bébé en allant du haut vers le bas, et en insistant sur les petits plis du cou, des cuisses, entre les doigts des mains et des pieds.

④ Savonner le dos

Vous pouvez l'asseoir pour lui savonner le dos, tout en le maintenant. Si vous vous sentez bien à l'aise, vous pouvez aussi le savonner directement dans l'eau mais cela demande une certaine dextérité.

Quel est le meilleur moment pour donner le bain ?

Il est déconseillé de donner le bain après une tétée, car bébé risque de régurgiter. De même, il vaut mieux éviter de baigner un bébé affamé. Si votre nouveau-né a du mal à s'endormir le soir, le bain en fin de journée peut l'aider à trouver plus facilement le sommeil.

À vous de voir le moment qui sera le plus pratique pour vous en fonction de votre organisation, et aussi en fonction des rythmes de bébé. Essayez néanmoins de donner le bain au même moment de la journée, cela aidera votre enfant à trouver plus facilement des repères dans son quotidien.

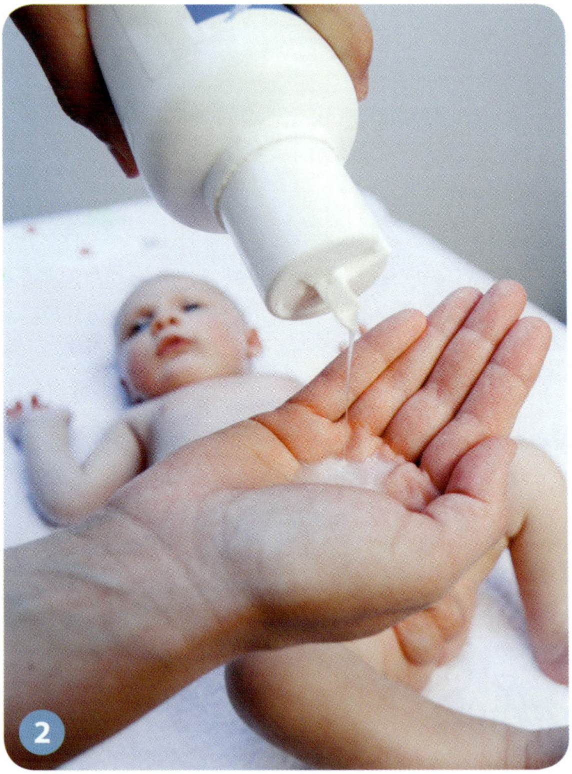
2

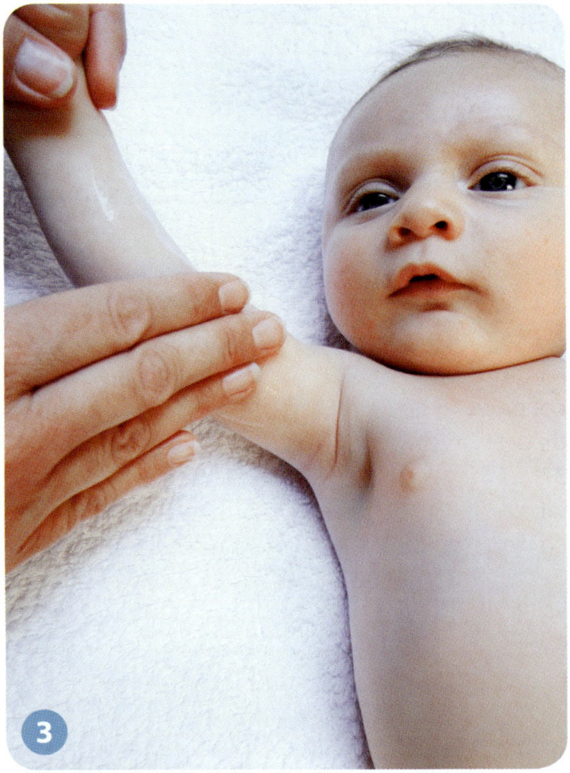
3

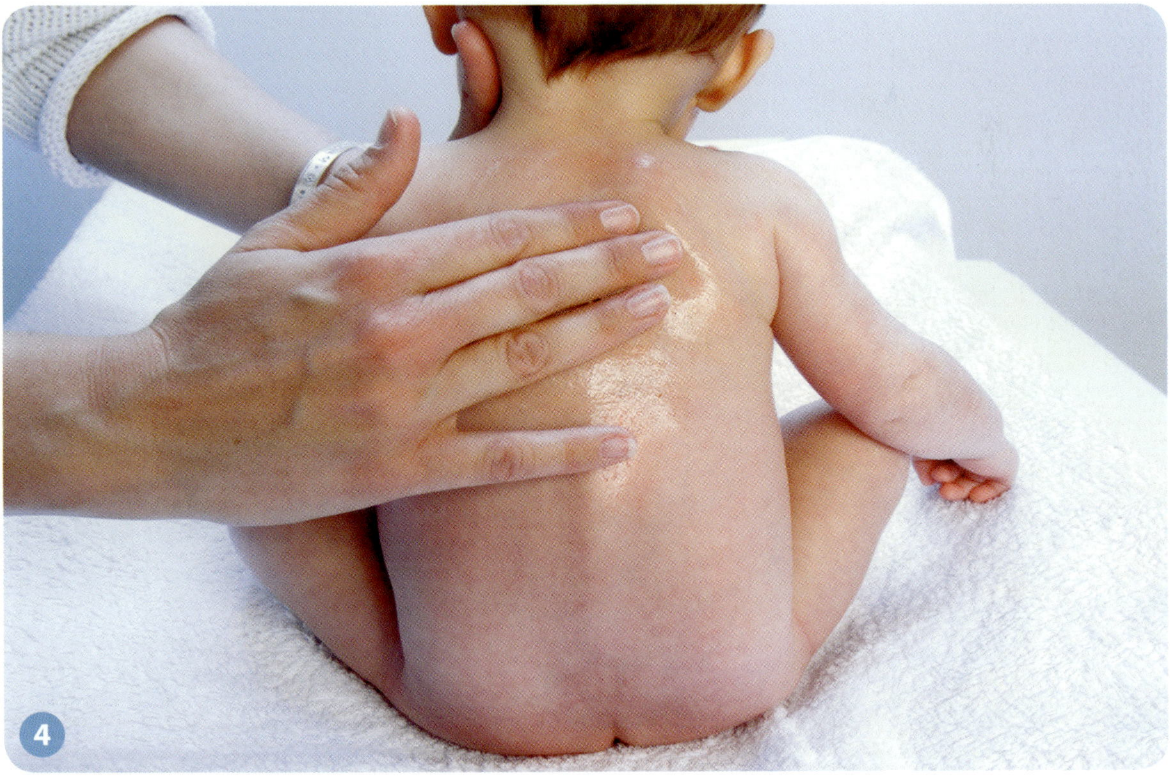
4

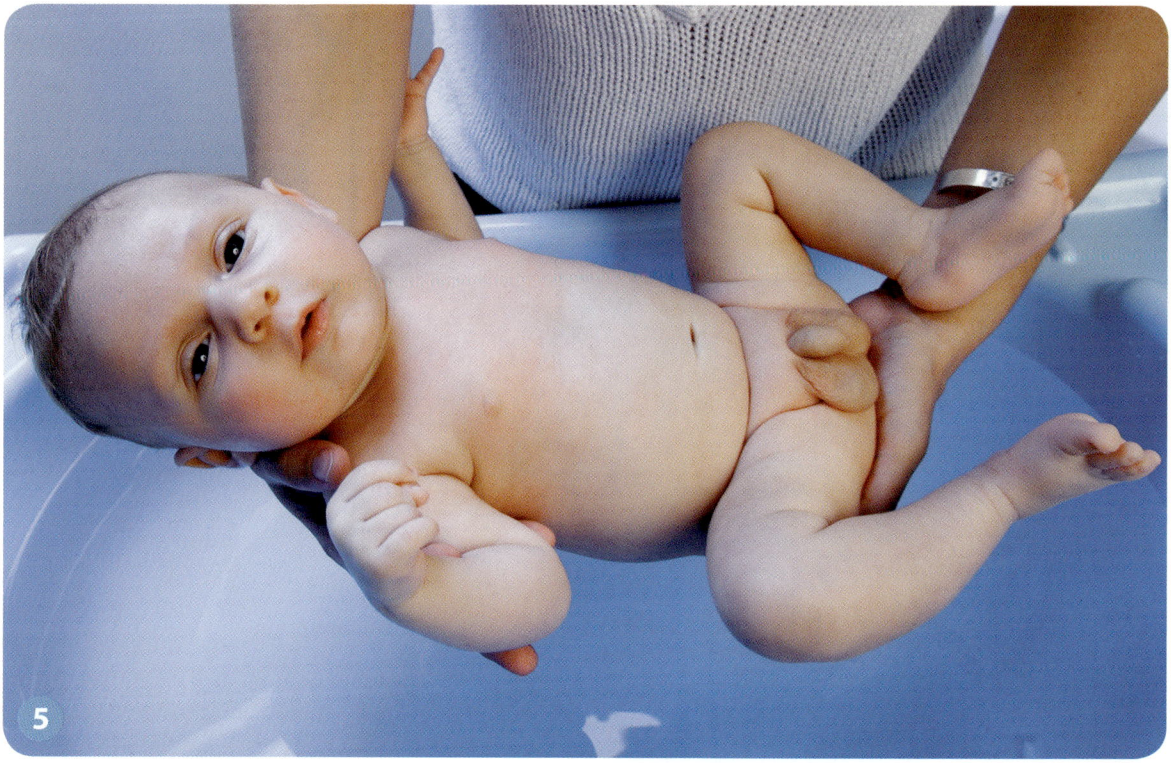

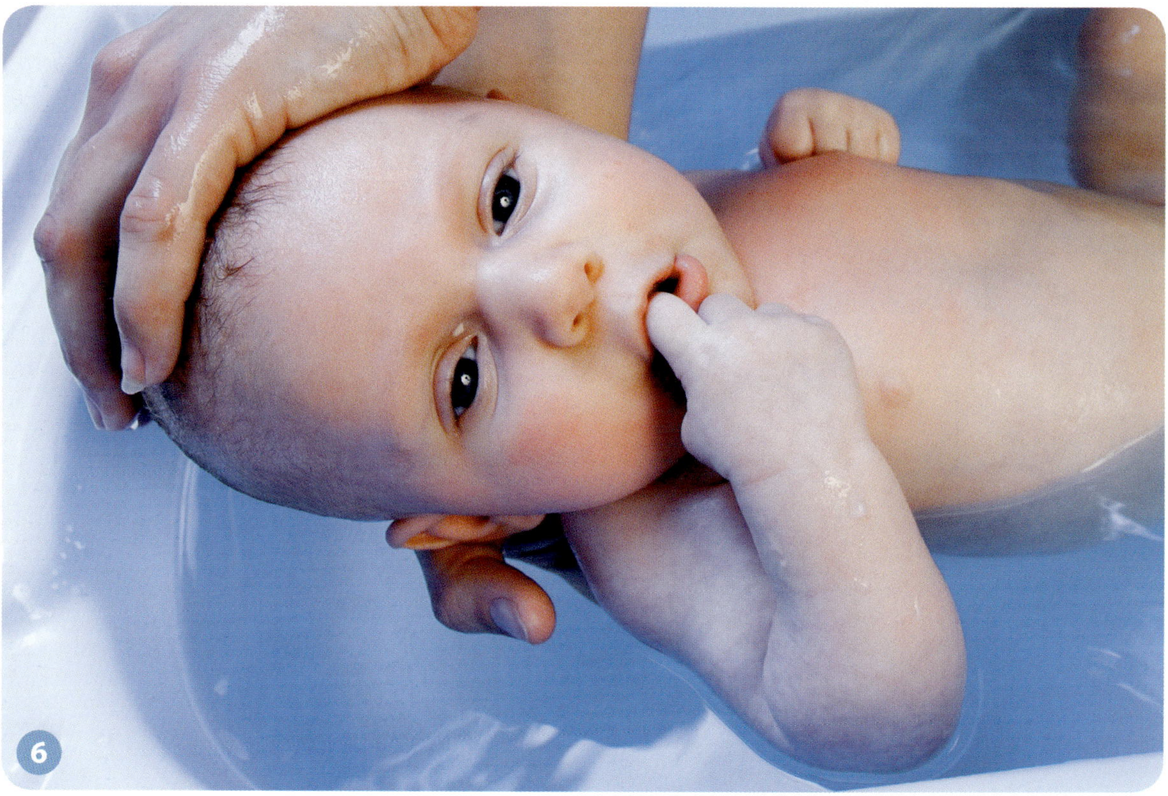

⑤ et ⑥ Rincer

Plongez délicatement votre bébé dans le bain en lui maintenant la tête avec un bras (celui dont vous ne vous servirez pas : le gauche si vous êtes droitière ou le droit si vous êtes gauchère), et en lui tenant fermement l'épaule. Posez-le au fond de la baignoire (sans l'asseoir ni l'allonger complètement) et, avec votre main libre, rincez-le. Assurez-vous qu'il ne reste pas de savon dans les petits plis. En lui rinçant la tête, allez doucement sans l'éclabousser. Parlez-lui pour le rassurer ou s'il semble tendu, et sortez-le rapidement.
Si votre bébé a l'air d'apprécier l'eau, vous pouvez le laisser barboter quelques minutes, mais pas plus de 5-10 minutes pour éviter que sa peau ne se dessèche.

Le bain en toute sécurité

- **Attention, il ne faut jamais laisser un bébé – même un nouveau-né et même un court laps de temps – seul sur une table à langer. Prévoyez donc d'avoir tout ce dont vous avez besoin à portée de main : coton, savon, serviettes de bain, couche, vêtements propres.**

- **Veillez à ne pas trop remplir la baignoire, le bébé doit avoir la tête bien au-dessus de l'eau.**

- **Si vous le baignez dans le lavabo ou la grande baignoire, faites attention aux robinets pour ne pas risquer de le cogner (ou utilisez des protège-robinets).**

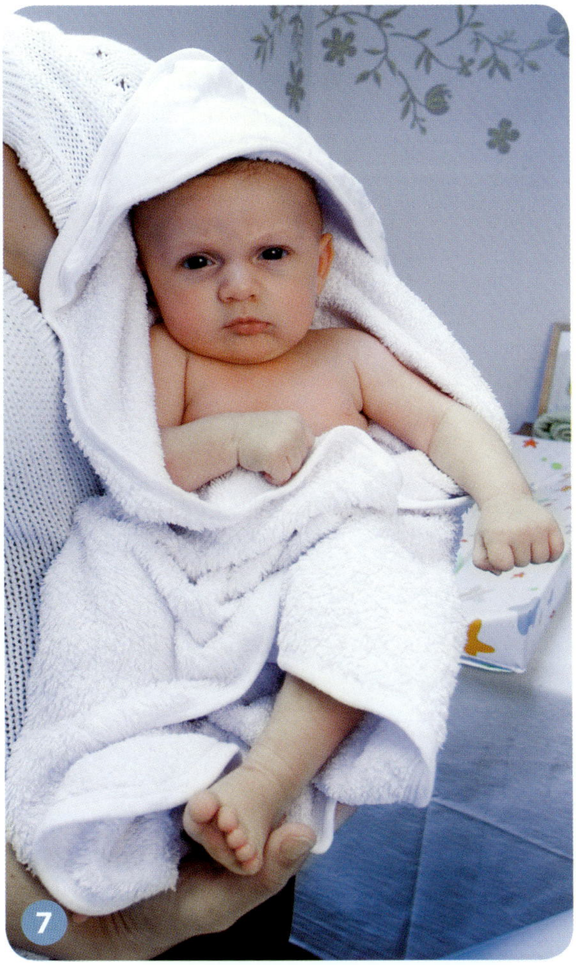

⑦ Essuyer

Dès que vous sortez bébé du bain, enveloppez-le bien avec une serviette de la tête aux pieds (les serviettes pour bébé sont en général munies d'une capuche). Séchez-le en le tamponnant, mais sans le frictionner. Allez bien dans tous les petits plis : du cou, de l'aine... Vous pouvez ensuite le masser (voir page 72) ou l'habiller directement (voir page 44).

EN SAVOIR +

Bien choisir la baignoire pour bébé

Le moment du bain reste un instant privilégié pour la plupart des bébés ; encore faut-il bien choisir la baignoire, notamment en fonction de **l'installation** dont on dispose chez soi, pour que maman – et papa – ne ressortent pas de chaque séance avec des maux de dos, ou de reins, tenaces ! De plus, comme ce rituel va se renouveler plusieurs dizaines de fois, mieux vaut donc choisir ce matériel avec soin. Les premiers jours, le plus simple – et le plus économique – est d'utiliser **le lavabo** de la salle de bains comme baignoire, si ce dernier est assez grand. Il existe des protèges robinets matelassés, bien pratiques, pour éviter que le petit baigneur ne se blesse (comptez 20 €). Ceux qui manquent de place et qui aiment ce qui se range, ou se transporte facilement, pourront opter pour **les baignoires gonflables**, les plus pratiques, mais aussi les plus fragiles (à partir de 25 €). **La baignoire en plastique** dur… dure plus longtemps ; plus solide, elle peut être posée sur un support pour les premiers temps, puis à l'intérieur de la baignoire familiale (à partir de 25 €). Enfin, ce qui a le vent en poupe en ce moment, c'est **le transat de bain** ; il est en plastique ou en tissu éponge, et muni de ventouses, ce qui permet de le fixer dans le fond de la baignoire. C'est peu encombrant et bébé peut y sembler plus libre que dans une baignoire en plastique, mais il y est aussi moins en sécurité que dans un environnement rigide, et il est réservé aux bébés de plus de 1 mois… Attention, donc. Cet objet assez tentant est aussi souvent plus cher (autour de 50 €).

Ne les utilisez pas…

Les éponges, vrais nids à microbes (préférez vos mains pour laver bébé) ; le shampoing, inutile pendant quelques mois ; les Cotons-Tiges, même « spéciaux », qui risquent de favoriser les bouchons de cérumen au fond de l'oreille.

Installé dans un transat de bain, bébé peut barboter dans l'eau en position semi-allongée. Quant à vous, vos deux mains sont disponibles pour prendre soin de lui.

Astuce économie

Pensez aux magasins de **dépôt-vente** qui ont un rayon puériculture, on y trouve de plus en plus d'objets pour bébé. Pourquoi ne pas y chercher votre porte-bébé, une baignoire, un couffin, sans parler des vêtements, … ? Ou si vous êtes loin d'une grande ville, mais une vraie « cybermaman », vous pouvez aussi aller voir sur **Internet**. Il y a des sites de vente entre particuliers qui ont des « rayons » bébé avec des affaires à faire et des prix très attractifs (occasion ou soldes). C'est le cas, par exemple, de www.priceminister.com, un site de confiance (mais il faut ajouter le prix de l'envoi par la poste pour avoir le tarif définitif), ou de www.jannonce.fr, avec des choix par région et des particuliers au téléphone.

EN SAVOIR +

Attention, bruits de vidange !

Retirez votre bébé de la baignoire avant de vider l'eau du bain. Les bruits de vidange et de tuyauteries risquent d'être effrayants pour un nouveau-né !

Mon bébé n'aime pas les bains ...

Ne vous inquiétez pas, ce sont des choses qui arrivent, malgré l'idée largement répandue que les nourrissons aiment l'eau parce qu'elle leur rappelle le liquide amniotique. Si le vôtre pleure dès qu'il est dans l'eau, commencez par le rassurer avec des gestes doux et une voix apaisante. Assurez-vous également qu'il n'a pas froid. Vous pouvez aussi essayer une autre position : assise, par exemple. Si ça ne marche pas, ne prolongez pas son désarroi au-delà du nécessaire, et rincez-le dès que possible. Sachez qu'un bain n'est pas obligatoire chaque jour chez le nouveau-né, qui ne se salit pas beaucoup, excepté les fesses. Donc si le siège est nettoyé après chaque change, et que votre bébé n'apprécie guère le bain, vous pouvez, sans aucun inconvénient, ne le baigner qu'un jour sur deux. Par ailleurs, il faudra peut-être un peu de temps pour que votre bébé et vous soyez à l'aise.

Dans la salle de bain, le thermomètre permet de vérifier la température pour que bébé n'attrape pas froid. Vous pouvez aussi en utiliser un qui va dans l'eau...

Son cordon ombilical n'est pas tombé

Une mauvaise hygiène du cordon peut entraîner une infection ombilicale (pour les soins, voir page 62), mais il est possible de baigner bébé, même si le cordon n'est pas tombé et pendant le temps de cicatrisation de la plaie. Les risques d'infection ne surviennent dans le bain… que si l'eau est sale. Donc, seule précaution indispensable, veillez à ce que l'eau soit parfaitement propre ! Pensez à bien sécher cette zone et à la désinfecter après.

CÔTÉ PSY

Un vrai moment d'intimité

Pendant la toilette, la relation affective est aussi importante que les gestes pratiques. C'est l'occasion de parler au bébé, de le toucher, de le caresser et d'échanger des regards. Le bébé sent vos mains sur son corps, respire votre odeur… Ce rituel du bain est idéal pour y associer le papa, qui apportera à cet échange, si intime, sa touche personnelle. C'est une bonne façon pour lui de s'impliquer dans les soins quotidiens et aussi de créer des liens affectifs profonds avec ce nouveau-né. La maman comme le papa doivent rester particulièrement à l'écoute du langage du corps de bébé. Plus on est attentif, plus on est à même de trouver les mouvements qui lui conviennent ; en sentant votre bébé se raidir ou se détendre, vous saurez vite lorsqu'il est gêné ou lorsqu'il apprécie vos gestes.

le change

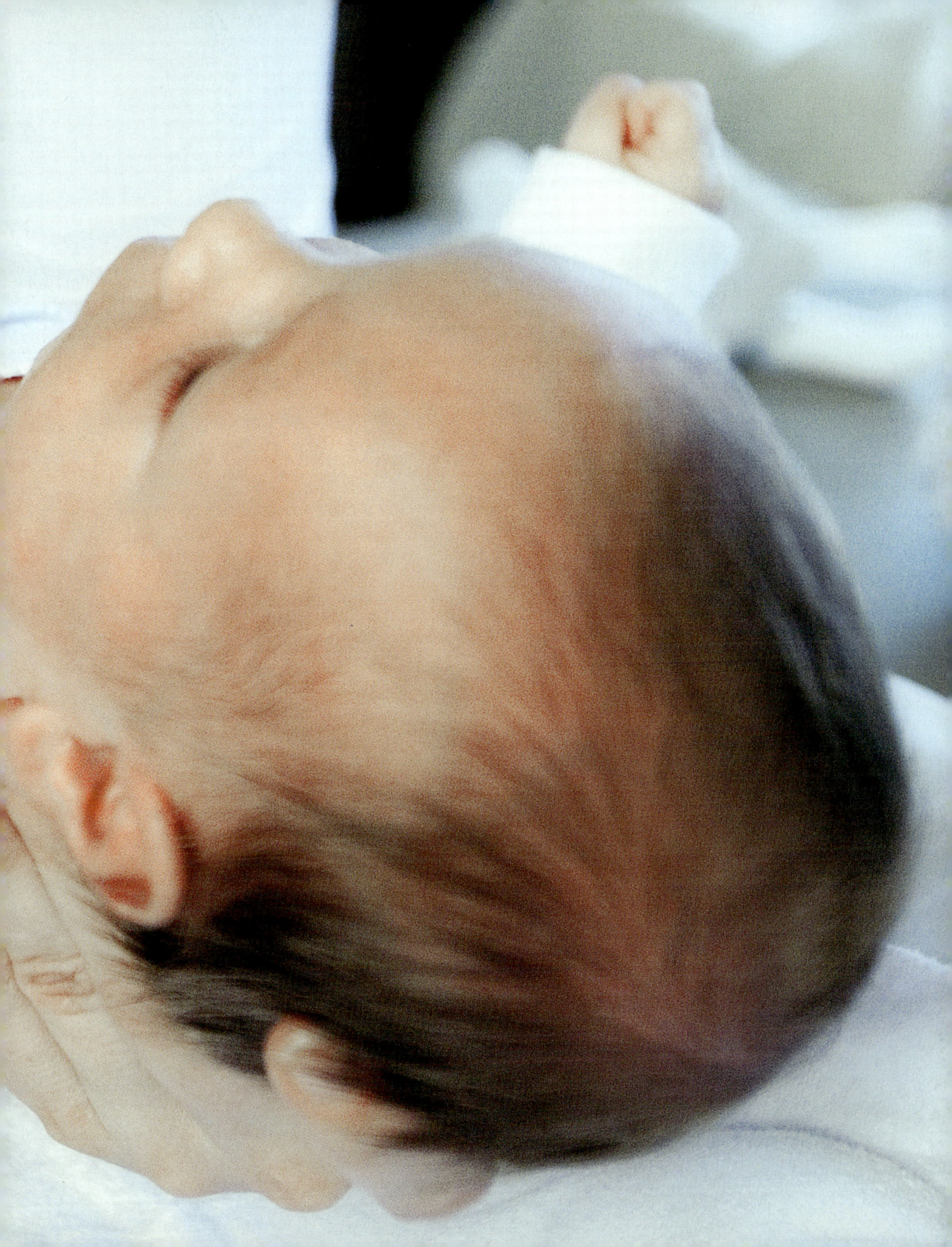

Nettoyer le siège et le sexe (fille)

Nettoyer soigneusement et bien sécher garantissent une bonne hygiène du siège et du sexe. En quelques séances, vous effectuerez ces gestes en toute aisance.

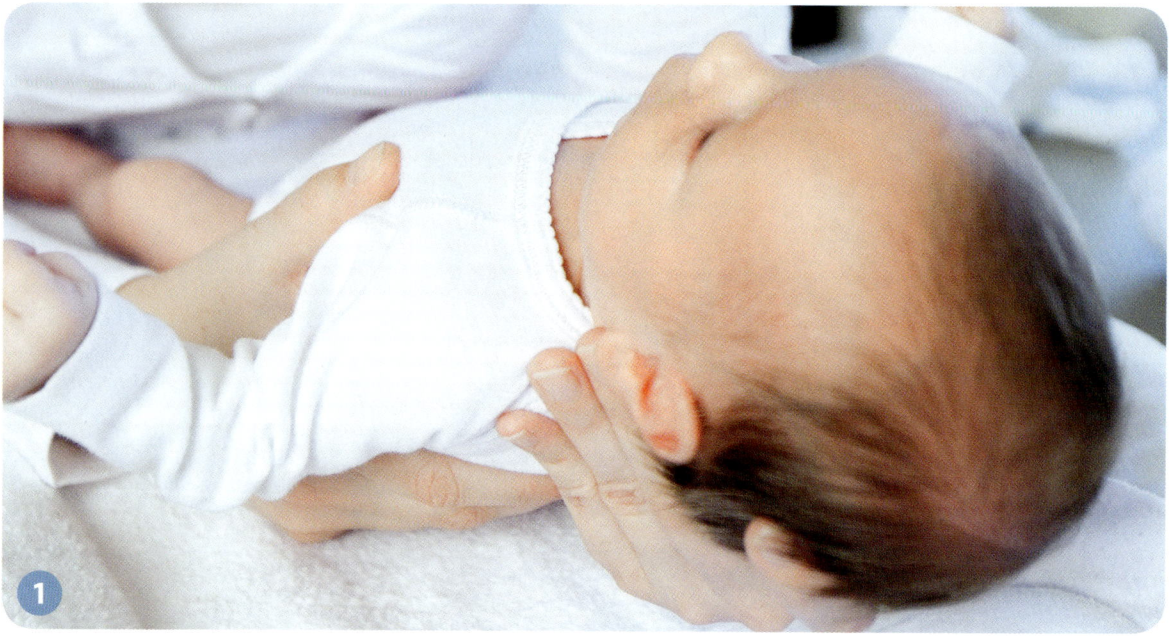

① Installer bébé

Posez votre bébé sur la table à langer ou sur un matelas (mais en veillant à le poser sur une surface plane pour qu'il soit stable) recouverts d'une serviette propre. Organisez-vous pour avoir tout ce dont vous avez besoin à portée de main (couches, coton, savon, habits propres éventuellement…) pour ne pas avoir à vous éloigner de votre bébé, ne serait-ce qu'un instant. Inutile de le déshabiller entièrement, retirez le bas de son body (ou de son pyjama) et remontez-le pour qu'il ne soit pas sali durant l'opération.

② et ③ Aller de l'avant vers l'arrière

Soulevez les jambes du bébé et maintenez-les d'une main. De l'autre, avec le coton, nettoyez bien dans les moindres replis du sexe, entre les lèvres, sans oublier le haut des cuisses. Allez toujours de l'avant vers l'arrière (pour éviter la transmission des germes vers la vulve) en déplissant bien. Terminez par le siège, puis rincez. Séchez bien la peau sans frotter.

Quels produits utiliser ?

Il est fortement conseillé d'utiliser de l'eau et du savon (ou du gel hypoallergénique) plutôt que des lingettes, car elles contiennent des crèmes à base de lait, ce qui risque, si on en utilise très souvent, de provoquer une irritation de la peau. Cela dit, les lingettes sont très pratiques et vous pouvez vous en servir de temps en temps, quand vous sortez par exemple.

Protéger les fesses avec une pommade n'est pas indispensable, sauf si le bébé a les fesses rouges. Ne mettez surtout pas de talc, car mélangé à l'urine, il peut provoquer des irritations, notamment au niveau des plis de l'aine. Dans ce cas, demandez conseil à votre médecin ou à votre pharmacien. Ils vous recommanderont une crème cicatrisante qui aidera à la guérison.

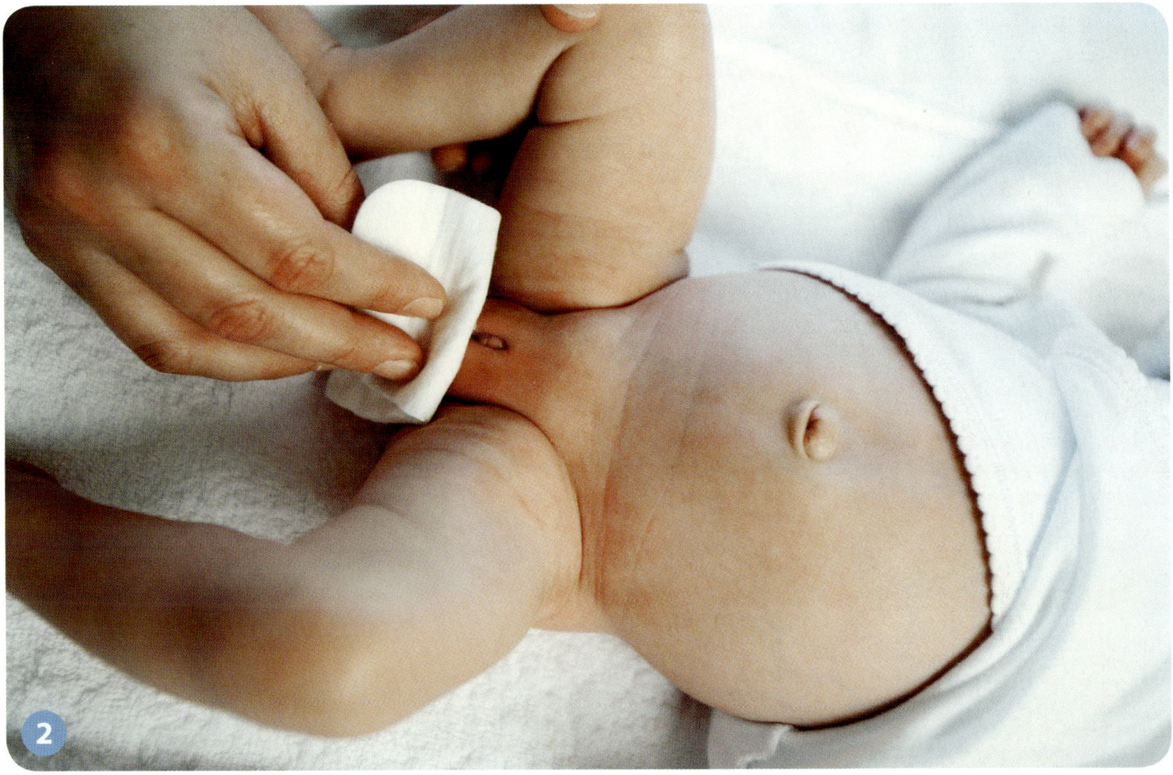

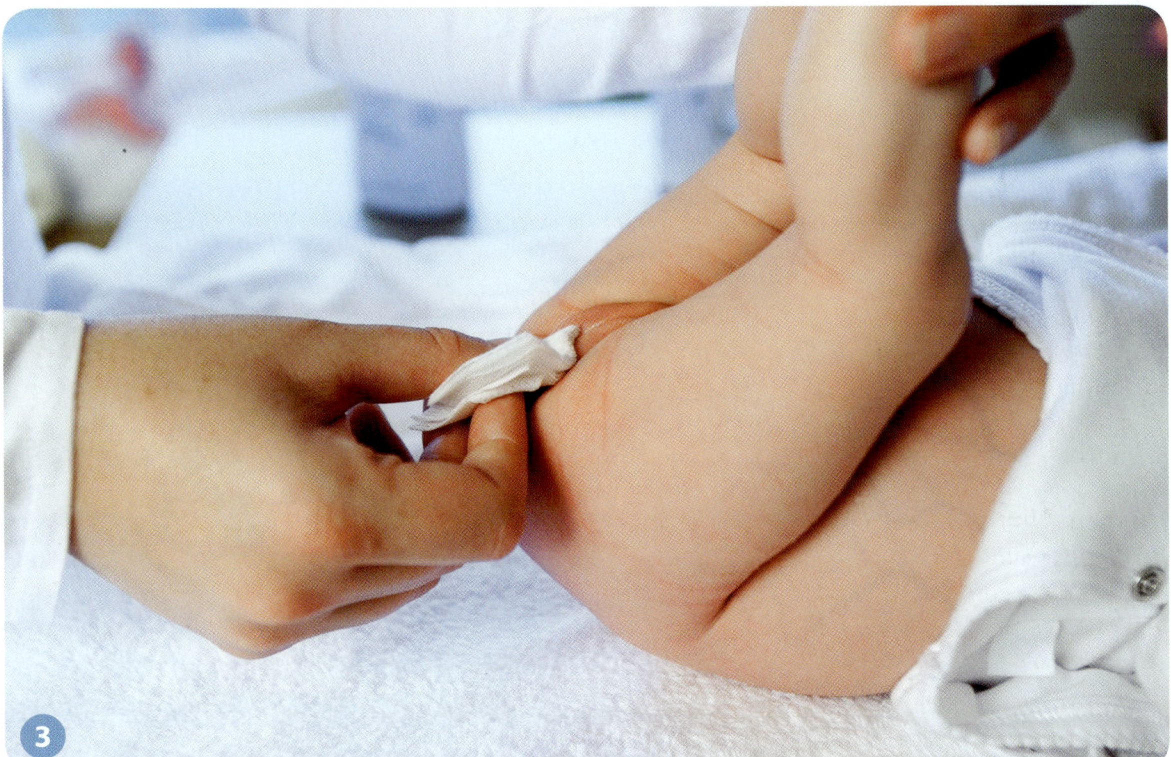

Nettoyer le siège et le sexe (garçon)

La toilette du sexe du petit garçon ne demande pas plus d'habileté que celle du sexe de la petite fille. N'hésitez pas à faire participer le papa au change, c'est aussi une façon de le familiariser avec son bébé.

① Nettoyer le sexe

Avant de commencer, prenez le réflexe de vous laver les mains. Ne déshabillez pas complètement le bébé, défaites le bas du body (ou du pyjama). Si le bébé a fait des selles, nettoyez d'abord grossièrement avec la couche, sinon, nettoyez le sexe avec du coton et du lait (ou du savon doux). Soulevez les jambes du bébé et maintenez-les d'une main pour ne pas être gênée si bébé gigote. De l'autre main, avec le coton, nettoyez délicatement le pénis et les testicules, sans oublier les plis de l'aine…

Faut-il décalotter le sexe ?

Cette pratique, qui consiste à tirer le prépuce, c'est-à-dire la peau qui recouvre le gland, vers l'arrière était autrefois couramment pratiquée. Actuellement, tous les spécialistes s'accordent pour proscrire le décalottage. Celui-ci se fera progressivement au fur et à mesure que le sexe grandira et que l'enfant aura des érections. Ni les pères ni les mères ne doivent donc décalotter le gland. Mais vérifiez que les couches sont bien humides afin d'être certaine qu'il urine régulièrement.

Soigner un érythème fessier

Cette irritation est très fréquente chez le nouveau-né aux petites fesses si fragiles. Elle est surtout due à l'agression de l'urine et des selles. Pour prévenir l'érythème, changez votre bout de chou régulièrement (même s'il a seulement fait pipi). Pour limiter cette irritation, n'utilisez pas de produits allergisants (lait, lotion, lingette), ne serrez pas trop la couche et vérifiez si ce n'est pas une question de couches. Éventuellement, vous pouvez essayer des couches en coton hydrophile. Si les fesses sont déjà bien irritées, très rouges, vous pouvez appliquer une crème cicatrisante achetée en pharmacie. Laissez votre enfant les fesses à l'air autant que possible ! Si les lésions sont suintantes, il vaut mieux consulter.

② Nettoyer le siège

Terminez par le siège, puis rincez. Séchez bien la peau, sans frotter, mais en tamponnant et en allant dans les moindres replis. Ne vous inquiétez pas si l'extrémité de la verge est gonflée, et qu'un liquide jaune s'écoule du prépuce. Ce n'est pas du pus, mais une émission de la muqueuse sous-jacente. Nettoyez avec une compresse et un produit antiseptique non piquant, cela disparaîtra en quelques jours. Essayez de ne pas laisser trop longtemps votre garçon les fesses à l'air car il est assez courant qu'il urine pendant ou à la fin de la toilette, avant que vous lui ayez mis la couche ; gardez toujours une serviette à proximité, au cas où…

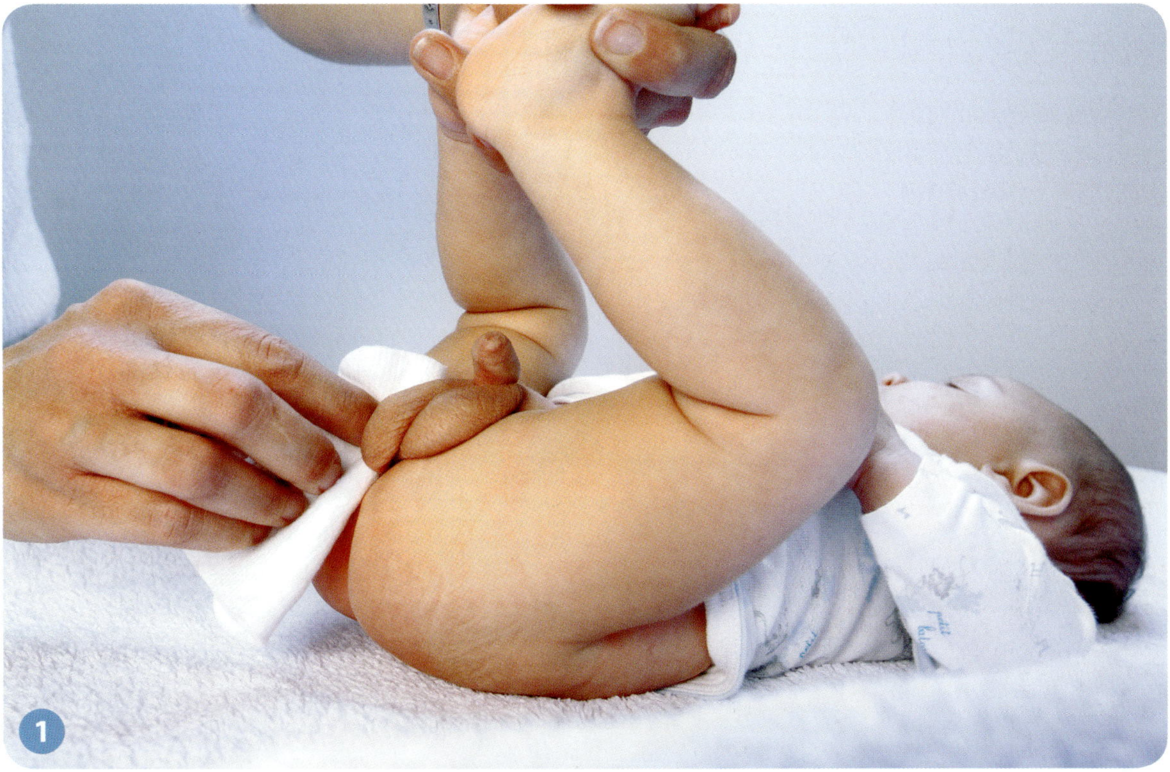

1

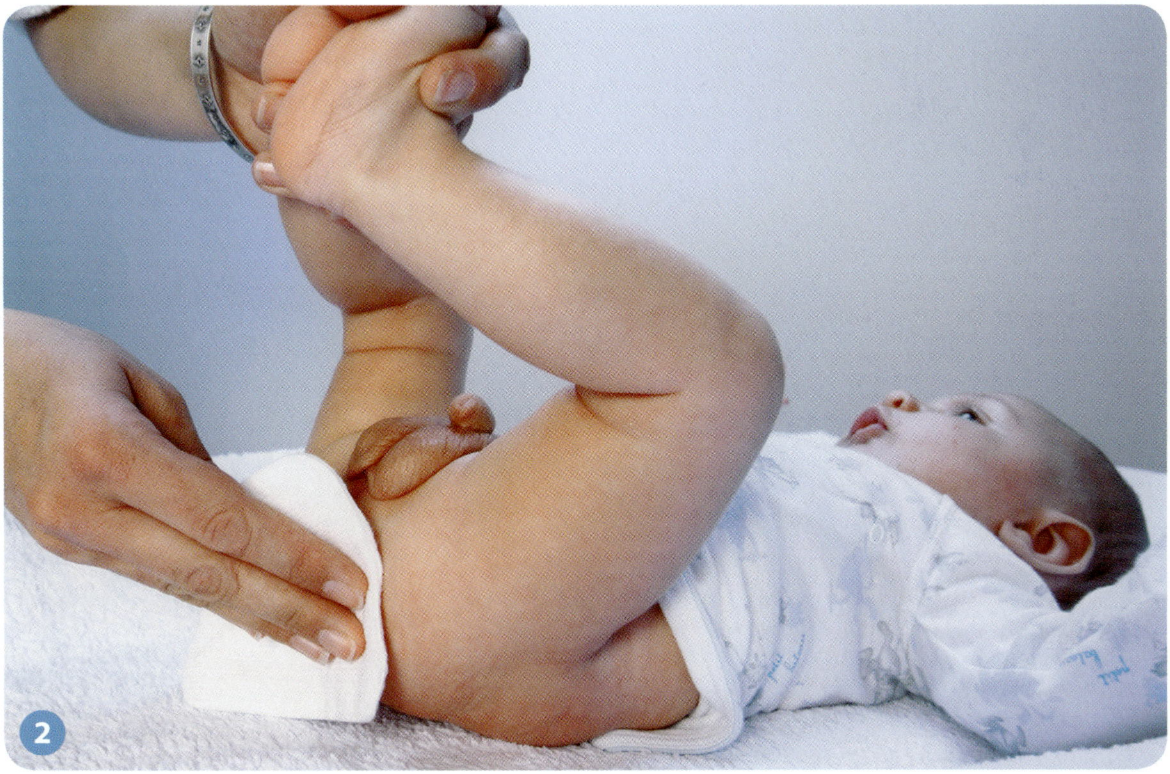

2

Mettre une couche

Au cours des six premiers mois, vous devez changer votre bébé au moins 6 fois par jour, avant ou après chaque repas, et de toute façon dès qu'il a fait des selles. Cela permettra d'éviter les rougeurs et les irritations.

① Glisser le change

Placez le bébé sur le dos, les fesses et le sexe propres et bien secs. Soulevez-lui les fesses et glissez dessous la partie de la couche sur laquelle se trouvent les adhésifs. Veillez à bien placer le bébé au centre de la couche. Le pénis du petit garçon sera dirigé vers le bas, pour éviter les fuites intempestives au niveau de la ceinture.

② Replier

Passez la moitié du change qui dépasse entre ses jambes. Les parties antérieure et postérieure de la couche doivent arriver au même niveau, c'est-à-dire approximativement au niveau de la taille. Si le cordon ombilical n'est pas encore tombé, repliez le bord de la couche pour qu'il soit à l'air libre.

③ et ④ Fermer

Décollez la protection des bandes autocollantes, rabattez la partie postérieure de la couche, puis fixez bien les pattes adhésives. Attention ! Il ne faut pas trop serrer, sinon votre bébé serait mal à l'aise, surtout en position assise ; il ne faut pas non plus que la couche soit trop lâche (sinon, gare aux fuites !). Les bandes autocollantes sont, dans la plupart des modèles, repositionnables, ce qui vous laisse droit à l'erreur.

Avant ou après les repas ?

C'est à vous de voir, car les deux options sont possibles. Certaines mamans, hésitant à remuer leur bébé après la tétée, préfèrent le changer avant. Elles craignent qu'il ne régurgite une partie de son repas et que sa digestion se fasse moins bien. D'autres attendent la fin de la tétée car le bébé fait souvent des selles au moment des repas (réflexe dit « gastrocolique »). Mieux vaut alors qu'il soit propre avant de s'endormir. Bien sûr, si le bébé a fait des selles, peu importe le moment, changez-le sans tarder pour qu'il soit plus à l'aise et n'attendez pas qu'il pleure…

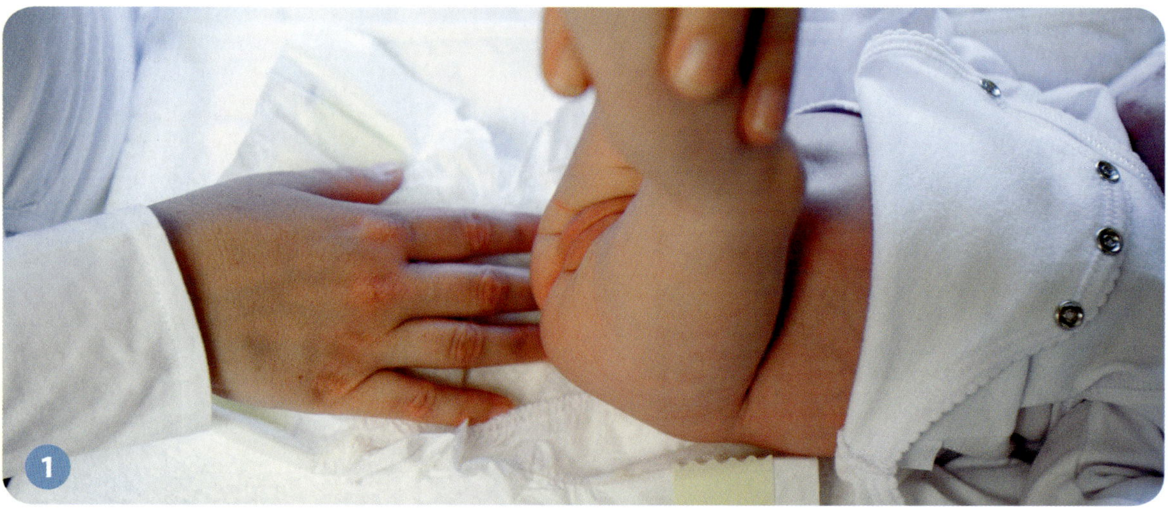

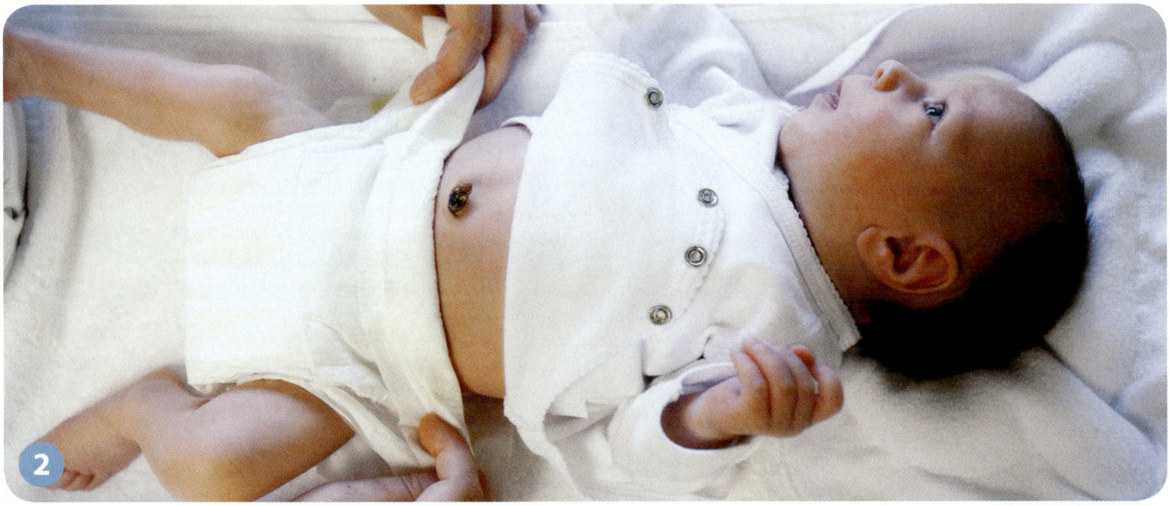
2

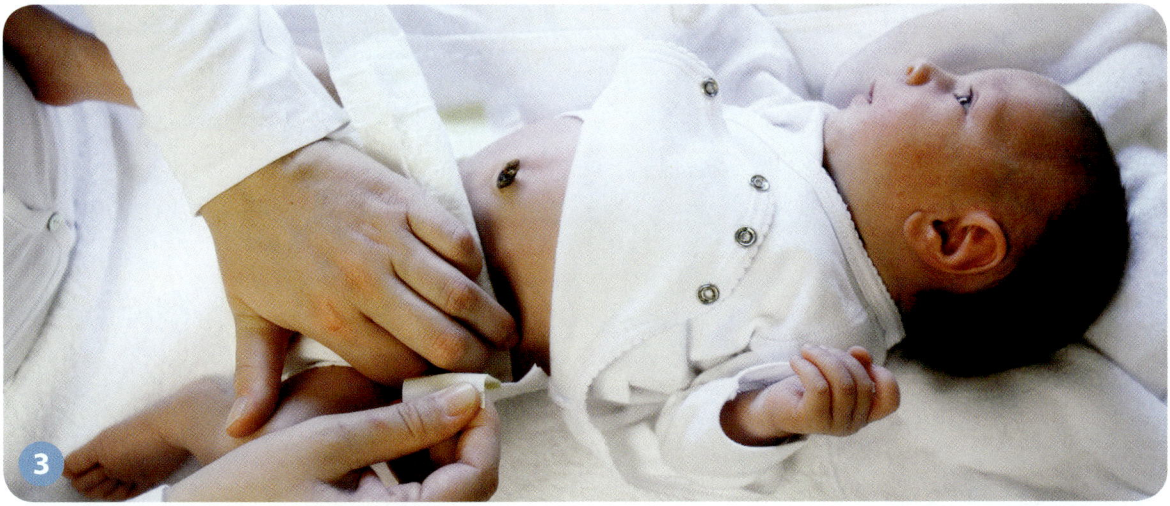
3

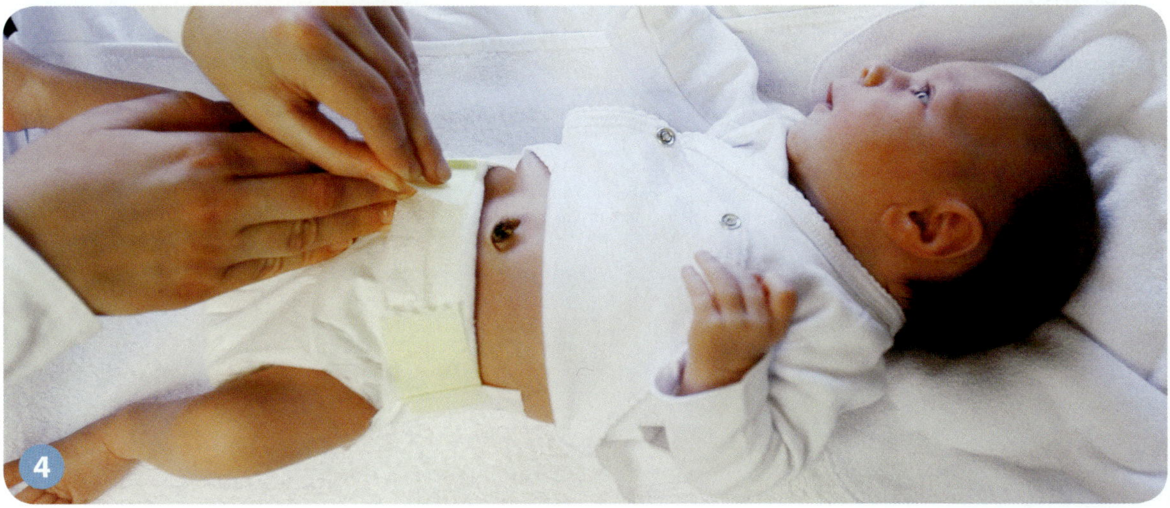
4

EN SAVOIR +

Couches jetables ou couches lavables ?

Les **couches jetables**, depuis qu'elles existent, ont remporté un formidable succès auprès des mamans par leur côté pratique et représentent l'essentiel des couches utilisées actuellement. Faciles à mettre et à retirer, elles sont bien adaptées au bébé et lui permettent de pouvoir bouger. De plus, elles ont une bonne capacité d'absorption, ce qui permet d'éviter les fuites. Mais les couches jetables sont non biodégradables, et représentent une part importante de déchets. De plus, leur coût n'est pas négligeable, sachez qu'il faut environ utiliser 5 000 couches avant que bébé soit propre !

Depuis que l'on s'intéresse à l'**environnement**, on assiste au retour (modeste encore en France) des **couches lavables**. Ces nouvelles couches sont composées de trois parties :

– une couche lavable : en tissu, c'est la partie absorbante du change ;

– une culotte de protection imperméable ; dans certains modèles elle est intégrée à la couche. La même culotte peut servir plusieurs fois de suite (sauf si elle a été mouillée) ;

– un voile jetable qui est une feuille de protection, pour retenir les selles et qu'on peut mettre directement dans les toilettes ou dans la poubelle (cela facilitera le nettoyage).

L'utilisation de couches lavables revient moins cher que les couches jetables, même s'il faut investir environ 200 euros au début. Vous pouvez stocker les couches en attendant de faire la lessive. Pour être écologique jusqu'au bout, pensez à utiliser une lessive biodégradable.

Poubelles spéciales pour couches

C'est un article tentant, mais il faut compter au minimum 30 euros et les recharges sont assez onéreuses, comptez 10 euros pièce. Un sac en plastique fera parfaitement l'affaire, vous pouvez aussi jeter directement les couches dans votre poubelle.

Matériel

Les **couches jetables** se présentent sous deux formes : couches simples et changes complets (enveloppant le siège et se fixant avec deux bandes adhésives), mieux vaut choisir les seconds, plus confortables pour tout le monde. Le plus important est d'acheter les couches qui correspondent au poids de votre enfant ; vérifiez bien les **correspondances** indiquées sur l'emballage (3-5 kg, 5-9 kg, 10-13 kg…). Il existe de plus en plus de marques qui optent pour la différenciation « fille » et « garçon ». Le coussinet absorbant est alors placé plus haut pour les garçons, et au centre pour les filles. Quant au « jour » ou « nuit », c'est leur **pouvoir d'absorption** qui varie. Mais c'est aussi une question de marque… Le mieux reste d'en essayer plusieurs pour tester leurs performances… et l'appréciation de bébé !

Pour ranger les couches, utilisez des paniers à glisser dans une étagère, à poser dans la salle de bain ou bien à suspendre, à petite ou grande contenance, en osier ou en tissu, décoré ou non…

Les « coliques »

Si votre bébé pleure en cours de tétée ou dans la demi-heure qui suit, c'est peut-être dû à un problème de remontée acide (reflux gastro-œsophagien) et non à un problème de digestion. Quant à l'intolérance au lait, elle ne se manifeste pas par un simple inconfort digestif, il est donc inutile de changer tout le temps de lait. Prenez alors un avis médical.

Douleurs abdominales : que faire ?

Dans les deux premiers mois, la digestion peut provoquer chez l'enfant des maux de ventre. Ils sont le plus souvent sans conséquences et parfois il s'agit tout simplement d'états de tension liés à des phases d'éveil agité (bébé qui se tord comme s'il avait mal) qui le font pleurer. Commencez par vérifier que les couches ne sont pas trop sales ou trop serrées. Ensuite, si bébé ne se calme pas dans vos bras, vous pouvez essayer de lui masser le ventre tout doucement en le rassurant de la voix, notamment quand il est balonné (ventre dur et gonflé) et qu'il a beaucoup de gaz. Parfois, il suffit de le tenir en position ventrale en appui sur un de vos bras pour le soulager.

Diarrhées : comment les soigner ?

Ces maux de ventre peuvent être accompagnés de diarrhées passagères. Le risque d'une diarrhée est la déshydratation, caractérisée par une perte de poids et qui se manifeste par un refus de boire ou des vomissements et surtout un mauvais état général (enfant prostré, pâle, fébrile, yeux cernés...). Pour pallier ce risque, il existe en pharmacie des solutions de réhydratation adaptées à donner au nourrisson en petite quantité (20 ml) et toutes les 10 min. Si vous allaitez votre bébé, faites-le téter à volonté et intercalez les tétées avec la solution de réhydratation. On n'est jamais trop prudent, alors n'hésitez pas à vous faire conseiller et, au moindre doute, allez consulter car cela peut se compliquer en diarrhée grave.

EN SAVOIR +

Constipation : les bons réflexes

Durant les premières semaines, si bébé pleure pour émettre sa selle, ce n'est pas une constipation pour autant, mais simplement la mise en place du transit. Pour une constipation isolée (pas de selles pendant 2-3 jours ; attention, cela arrive chez des bébés nourris au sein sans qu'ils ne soient constipés), préparez le biberon avec de l'eau favorisant le transit (type Hépar). Si vous allaitez votre enfant, buvez la même eau que lui et mangez davantage de fruits et de légumes. Si la constipation dure, si elle est associée à des vomissements, ou si bébé souffre au moment des selles, mieux vaut avoir l'avis d'un médecin, pas de laxatif sans son avis !

SANTÉ

Les selles : à surveiller sans stresser !

L'aspect des selles évolue avec le temps, et peut varier d'un jour à l'autre, c'est tout à fait normal :

- **selles vert foncé : les premières selles du nouveau-né, ou méconium, jusqu'au 3e jour environ ;**
- **selles granuleuses, marron ou verdâtres : selles de transition, à partir du 3e ou 4e jour ;**
- **selles jaune moutarde plus ou moins liquides : selles normales d'un enfant nourri au sein ;**
- **selles légèrement moulées de couleur jaune : selles normales d'un enfant nourri au biberon.**

En revanche, les cas suivants sont à surveiller : des selles fréquentes et liquides (qui peuvent indiquer une diarrhée) ; des selles peu fréquentes et dures (signes de constipation si bébé est au biberon) ; des selles striées de rouge (parfois liées à une fissure rectale ou une allergie au lait).

les vêtements

Habiller bébé

Pour que la séance de l'habillage de bébé ne soit pas une « épreuve », privilégiez les vêtements faciles à mettre et gardez votre calme si bébé n'est pas très coopératif !

① et ② Enfiler le body

Posez votre bébé sur une surface propre et à votre hauteur pour être à l'aise. Écartez au maximum l'encolure du body (dans les premiers jours, vous pouvez aussi choisir des bodys qui se ferment sur le côté et qui n'ont pas besoin d'être enfilés par la tête). Enfilez-le si possible en commençant par le visage et en soulevant doucement la tête.

③ Passer les manches

Introduisez une main dans une manche et essayez d'attraper la sienne en prenant bien tous ses doigts. Déroulez la manche et refaites les mêmes gestes de l'autre côté. Vérifiez que l'encolure n'est pas trop serrée.

④ ⑤ et ⑥ Fermer

Tirez le body devant et derrière en veillant à ne pas brusquer bébé. Puis fermez les boutons-pression (selon les modèles : à l'entrejambe ④ ou sur le côté ⑤). Attention, le body ne doit pas être trop serré, surtout si le cordon ombilical n'est pas encore cicatrisé.

Les « bonnes matières »

Privilégiez les matières douces non irritantes comme le coton, le tissu-éponge ou des matières synthétiques, qui ne peluchent pas et ne grattent pas.
Vous pouvez mettre de la laine à votre bébé, mais attention aux laines à poil long. En effet, il peut tirer dessus, arracher quelques poils et les avaler. Ce qui est à privilégier est le confort du bébé qui doit pouvoir gigoter à son aise ; il faut aussi qu'il n'ait pas froid ni trop chaud (voir page 51).

1

2

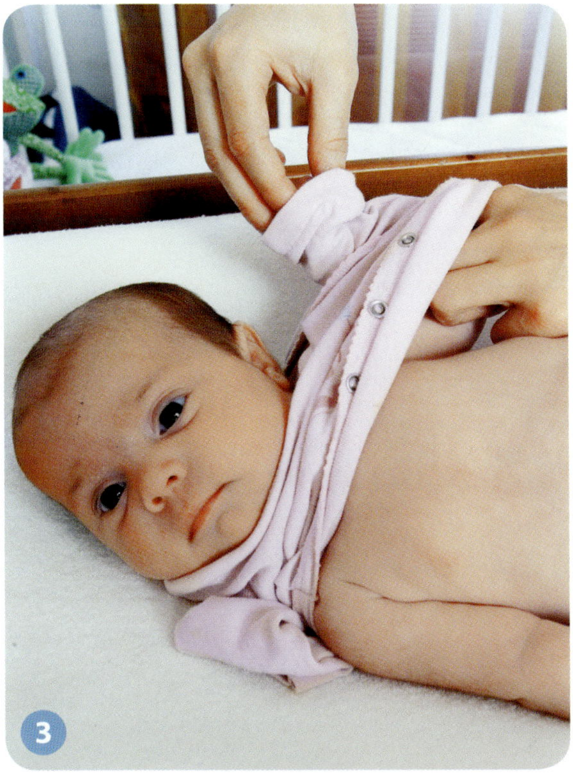
3

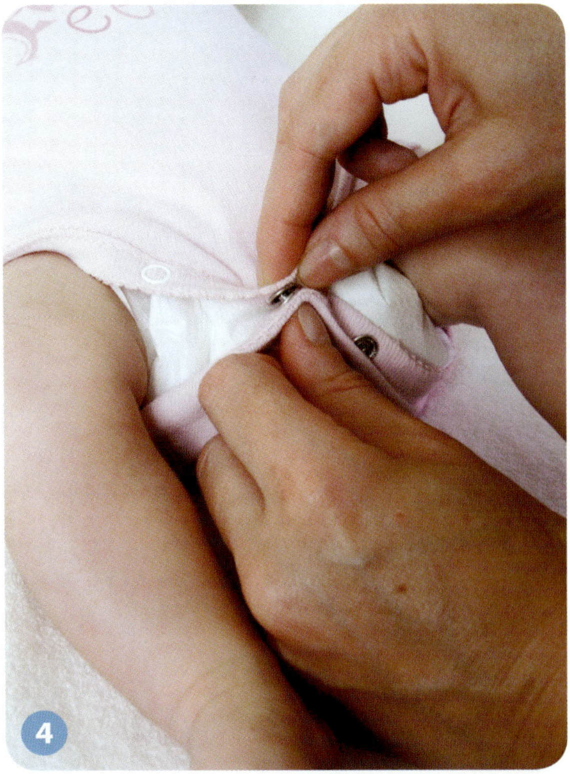
4

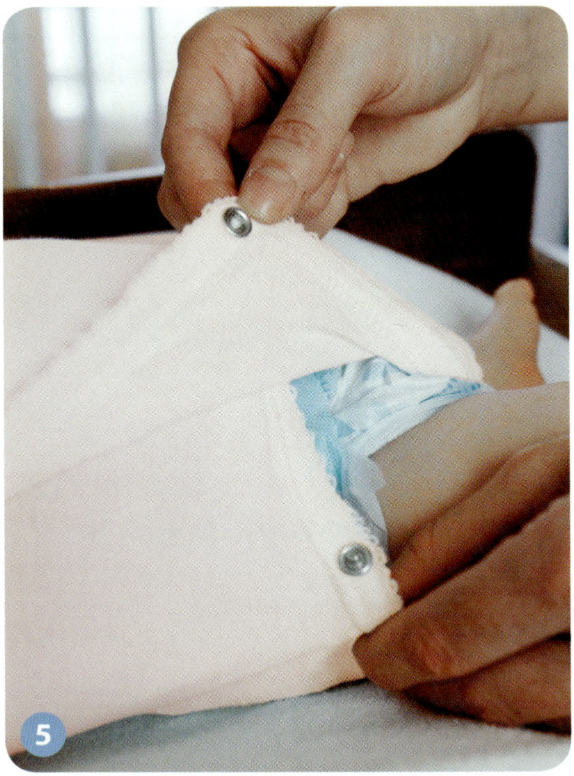
5

6

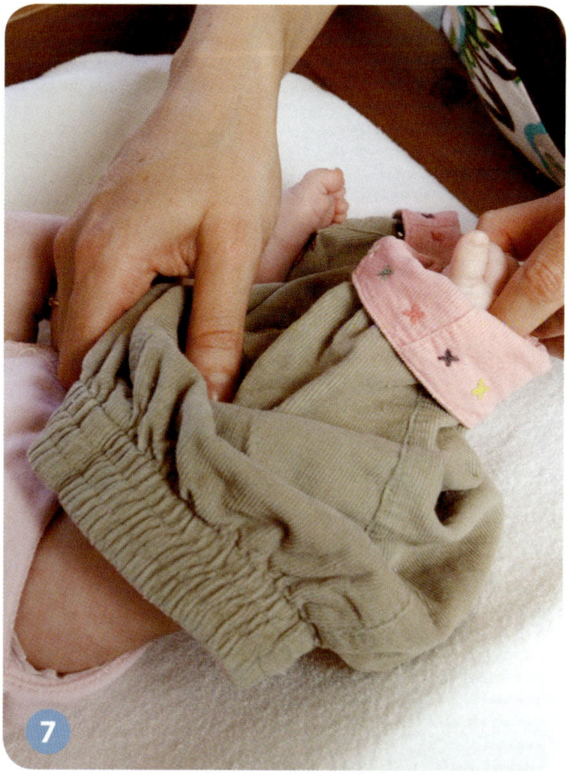

7

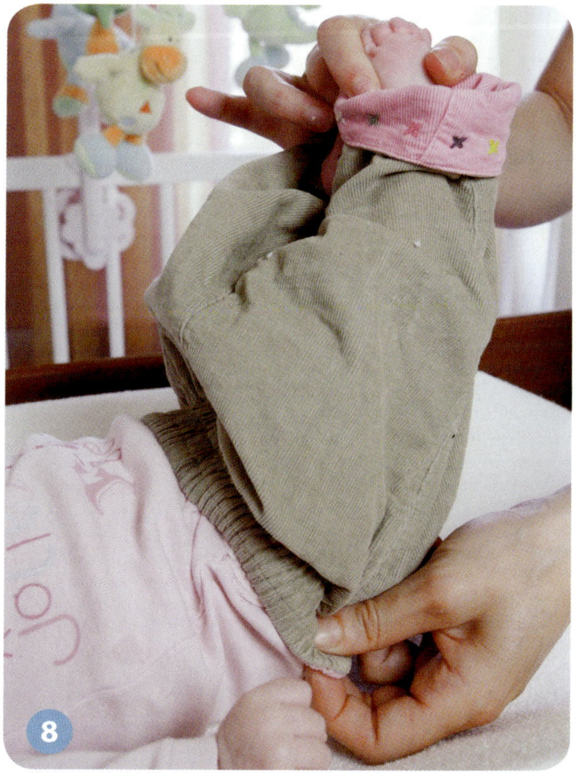

8

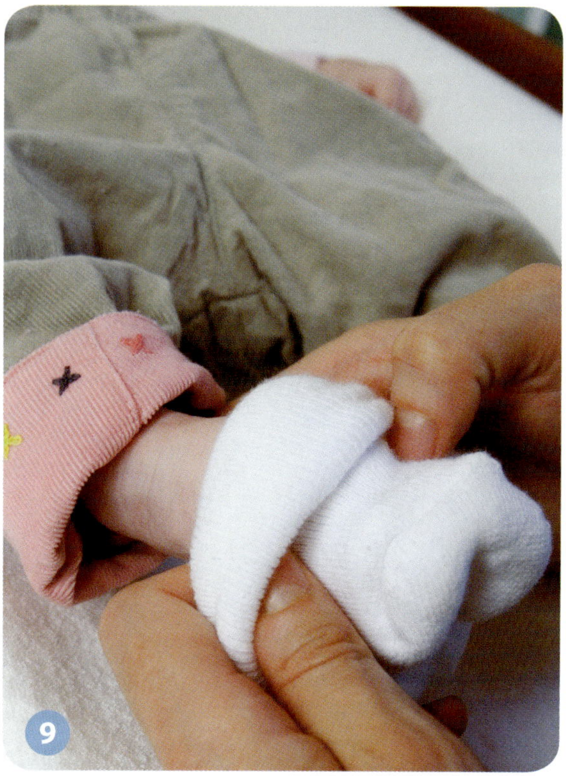

9

10

⑦ et ⑧ Le pantalon

Élargissez le bas du pantalon et introduisez une main dans l'extrémité. Attrapez ses orteils d'une main pour lui enfiler le pantalon. Déroulez le pantalon tout en le maintenant et suffisamment haut pour que le bébé ne puisse pas le retirer en gigotant. Faites de même de l'autre côté. En le tenant par les pieds, soulevez les fesses du bébé pour remonter le pantalon jusqu'à la taille.

⑨ Les chaussettes

Écartez bien la chaussette avant de l'enfiler, attention à bien placer les petits orteils tout au fond (vérifiez qu'il n'y a pas de fil ni une couture qui pourrait gêner le pied). Tendez-la bien et remontez-la sur la cheville et le mollet.

⑩ et ⑪ Le gilet

Enfilez une manche en faisant d'abord passer les petits doigts et déroulez-la jusqu'à l'épaule. Passez le gilet sous le bébé en le soulevant légèrement et en lui maintenant la tête.

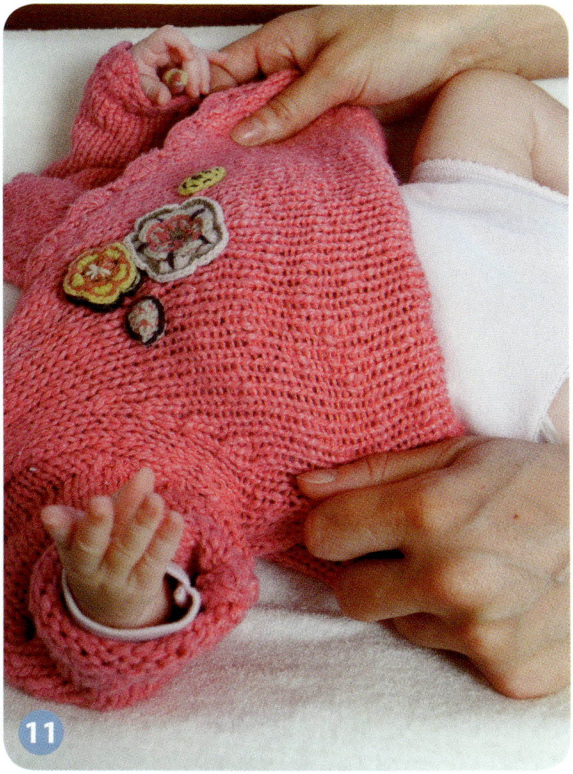

Passez l'autre manche en procédant comme indiqué précédemment. Fermez le gilet après l'avoir bien ajusté et en l'aplatissant bien.

L'entretien des vêtements : les bons réflexes

- Passez les vêtements neufs à la machine à laver avant de les mettre à votre bébé la première fois.

- Traquez les étiquettes de taille ou de conseils d'entretien, et coupez-les ras (mais souvenez-vous des consignes de lavage !), car leur contact peut irriter le peau du nourrisson.

- Ayez le réflexe du panier à linge sale « spécial bébé », et évitez de mélanger ses affaires avec celles du reste de la famille, vous limiterez de cette façon les risques de contagion. Pour la même raison, préférez les « machines » réservées au linge du bébé.

- Utilisez pour son linge une lessive hypoallergénique. Quant aux assouplissants, mieux vaut s'en passer, car ils sont souvent allergènes pour le nourrisson.

Mettre un pyjama

Durant le premier mois, c'est encore en pyjama que bébé se sentira le mieux. Facile à enfiler, vous pourrez habiller en deux temps trois mouvements votre nouveau-né.

① et ② Enfiler les pieds

Tenez le pied de votre bébé d'une main puis enfilez le pied du pyjama en le tire-bouchonnant. Veillez à ce que les orteils soient bien au fond du pied. Déroulez alors la jambe du pyjama jusqu'en haut des cuisses du bébé. Procédez de la même façon pour l'autre pied.

③ Passer les bras

Introduisez une de vos mains dans une manche. Écartez la manche et essayez d'attraper sa petite main en prenant bien tous ses doigts. Déroulez la manche du pyjama jusqu'à l'épaule et vérifiez que toute sa main est à l'extérieur de la manche. Refaites les mêmes gestes de l'autre côté.

④ Fermer le pyjama

Tirez bien sur le pyjama, puis retournez le bébé sur le ventre sans le brusquer. Maintenez bien la tête et la nuque quand vous le manipulez. Si le bébé ne relève pas encore la tête (ce qu'il fera en général à 1 mois), posez-lui la tête sur le côté pour qu'il ne soit pas gêné pour respirer. Fermez les boutons-pression jusqu'en haut en faisant attention à ne pas coincer la peau ou les petits cheveux de bébé. Ajustez bien le pyjama pour qu'il ne fasse pas de pli, mais veillez à ce que le vêtement ne soit pas trop serré. Votre bébé n'appréciera peut-être pas la position ventrale, parlez-lui pour le rassurer. S'il se met à hurler dès que vous le placez sur le ventre, privilégiez les pyjamas qui se ferment sur le devant.

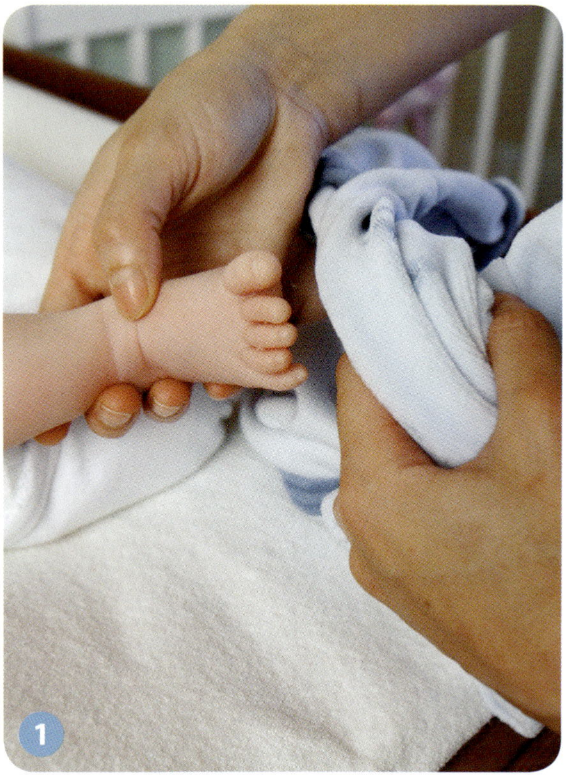
1

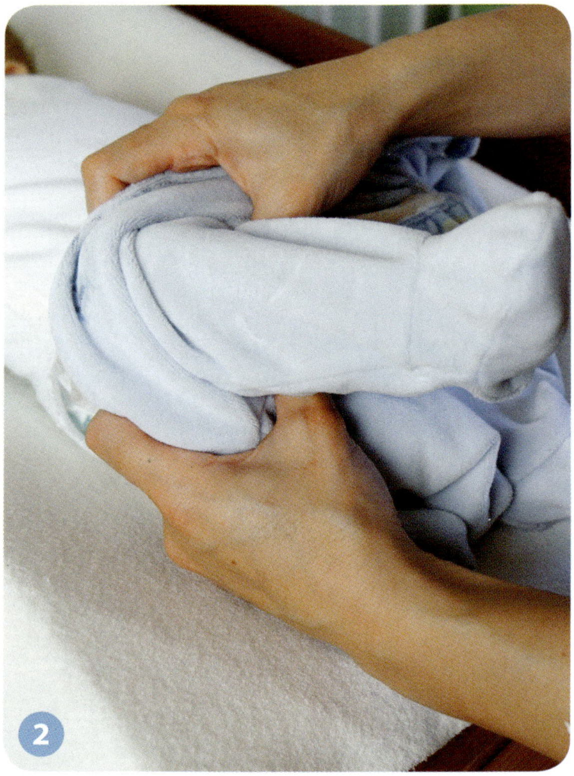
2

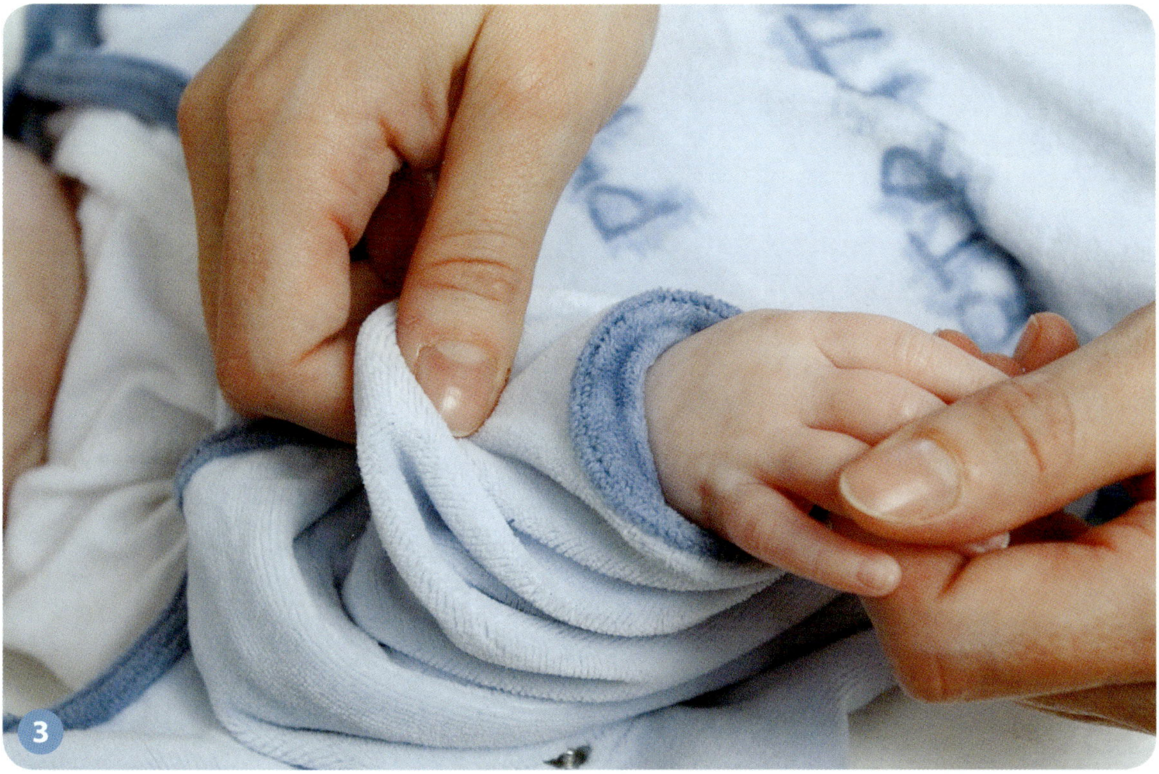
3

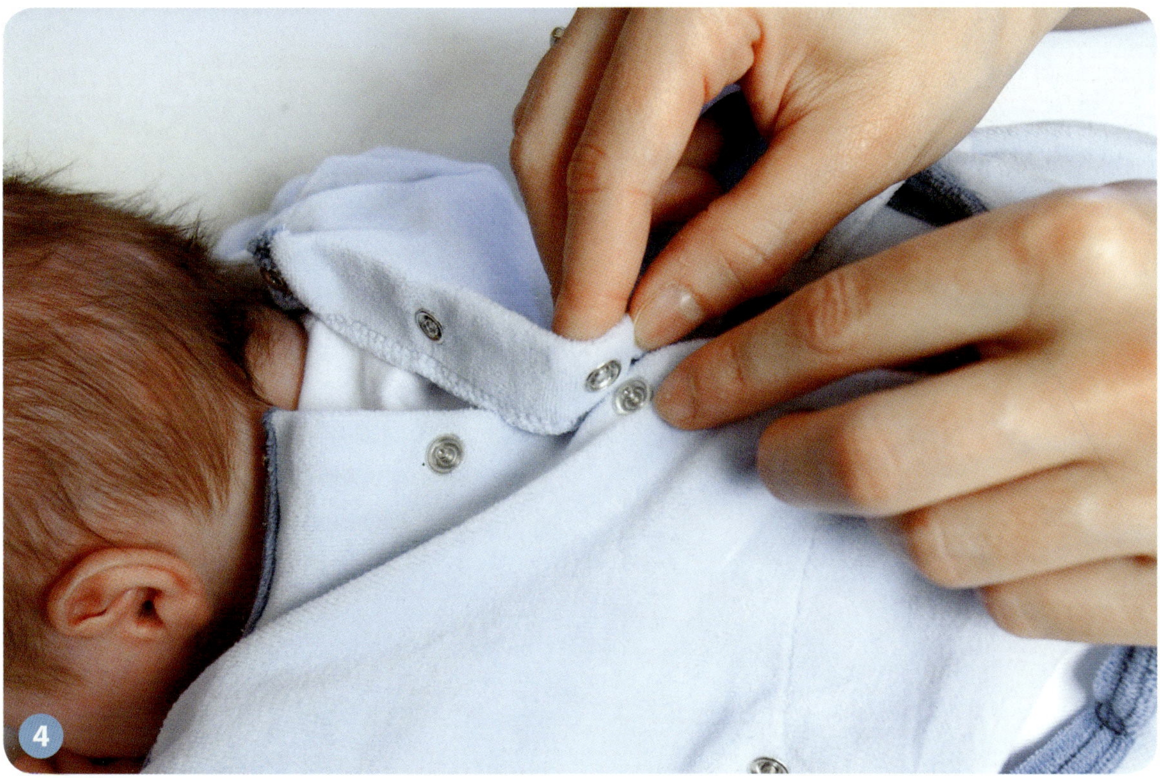
4

EN SAVOIR +

La garde-robe de bébé

Avant tout, il faut choisir des **vêtements pratiques** pour lui ! Dans les premiers mois, vous aurez surtout besoin de **grenouillères** ou de **pyjamas** en quantité suffisante (environ 8), car le nouveau-né se salit très vite. Il faut les choisir **larges et doux**, en tissu éponge ou en coton, et faciles à entretenir (surtout pas de lavage à la main !). L'idéal est de les prendre avec des **boutons-pression** sur les fesses ou le long des jambes, ce qui facilite le change de votre bout de chou (sans avoir à le déshabiller entièrement). D'ailleurs, les premiers jours – voire le premier mois – évitez, pour son confort, tout ce qui s'enfile par la tête, il a horreur de ça ! Le nouveau-né n'aime pas non plus être serré ; encolures et poignets doivent rester amples. Il faut aussi penser aux **sous-vêtements**, ou **bodys** (au moins 8, souvent vendus par lots), et aux **chaussettes** (6 à 8 paires).

Mais attention, pour sortir bébé de la maison, dès l'été passé, il faut le couvrir, car ses capacités de régulation thermique sont insuffisantes pour lui permettre de s'adapter aux variations de température, surtout si elles sont brusques : maison, parc, voiture, magasin, voiture, maison… Selon la saison, prévoyez donc quelques gilets (2 ou 4). Le mieux pour les sorties est donc d'habiller votre enfant par « **couches** » (un body + une grenouillère + un gilet, etc., en fonction de la météo), et de retirer, ou de remettre, une couche en fonction de la situation. Enfin, n'oubliez pas de **couvrir** « tout ce qui dépasse » : la tête avec un **bonnet** (tenu sous le menton, pour éviter que bébé ne s'en débarrasse !), les pieds avec des **chaussettes**, les mains avec des **moufles** (pensez à les choisir avec un cordon qui les relient entre eux, en les passant dans les manches, vous ne les perdrez plus à chaque sortie !).

Trop grands !
C'est bon à savoir, la plupart des bébés sont déjà trop grands pour entrer dans des vêtements de taille « naissance »... Passez l'info aux parents et amis !

Astuce économie

Un bébé grandit tellement vite qu'il faut renouveler souvent **sa garde-robe**. Si l'idée que ces vêtements ont déjà été portés ne vous gêne pas, pensez aux magasins de dépôt-vente, beaucoup ont des rayons layette qui permettent d'acheter moins cher, mais aussi de renouveler plus souvent… et enfin de **revendre** ce qui est déjà trop petit ! Pour les parents qui habitent loin d'une grande ville ou les internautes, il y a aussi la possibilité de commander via le net ; on peut feuilleter **en ligne**, comparer, commander et se faire livrer sans courir les magasins. Deux sites incontournables bien pourvus et compétitifs : www.toutpourbebe.fr et www.vertbaudet.fr. On peut aussi y trouver d'autres accessoires de puériculture (voir page 30).

EN SAVOIR +

La bonne température ambiante

À la maison, pour que bébé n'ait ni trop chaud, ni trop froid, la bonne température ambiante se situe autour de 20 °C ; au-delà, un air chaud et sec peut dessécher le nez (le bébé attrapera plus facilement un rhume) et la peau (provoquant des irritations). Si vous hésitez sur la façon de couvrir votre nouveau-né, mettez lui une « couche » de vêtements de plus que vous.

Et pour les petits pieds ?

Sauf s'il fait très chaud, les pieds doivent être protégés. À la maison, inutile de mettre des chaussettes si votre bébé est en pyjama ou en grenouillère, mais en hiver, enfilez-lui une paire de chaussettes ou des chaussons par-dessus. Comme pour les habits, prévoyez un peu large pour qu'il ne soit pas gêné.

Quelle taille acheter ?

Comme bébé a besoin d'être à l'aise pour gigoter, la règle générale est d'acheter des vêtements un peu amples plutôt qu'un peu justes !
Pour information, voici un petit récapitulatif des correspondances.

Taille du bébé	âge
48 à 56 cm	1 mois
57 à 65 cm	3 mois
66 à 72 cm	6 mois
73 à 77 cm	12 mois
78 à 81 cm	18 mois

N'achetez pas trop de vêtements à l'avance (surtout durant les premiers mois), car le nouveau-né grandit vite, mais aussi parce que vous allez recevoir beaucoup de cadeaux, attendez donc et voyez ce dont vous aurez vraiment besoin.

Comment savoir si bébé a froid ou chaud ?

Tâter les mains de bébé pour savoir s'il a chaud ou froid n'est pas le meilleur réflexe à avoir, il est normal en effet que mains et pieds soient un peu plus frais que le reste du corps. Touchez plutôt les avant-bras ou, encore mieux, la nuque, pour avoir une idée plus juste de la température du corps, sans avoir à recourir au thermomètre. Et n'oubliez pas que si un nourrisson est très sensible aux variations thermiques et au froid, il l'est aussi au chaud ! À la maison, inutile de trop le couvrir et, dès qu'il fait chaud, laissez-le en body ou même en couche ! En revanche, dès que vous le sortez, protégez toujours son corps de vêtements légers et sa tête par un bonnet de coton, même si l'enfant est à l'abri d'un miniparasol ou que vous le promenez à l'ombre.

Un bébé doit toujours avoir quelque chose sur la tête pour sortir ! De l'automne au printemps : un bonnet pour ne pas attraper froid et, en été, un chapeau pour le protéger du soleil.

le sommeil

Coucher son bébé

Un bébé dort beaucoup, mais il vous faudra attendre quelque temps avant de pouvoir faire une nuit complète sans qu'il ne vous réveille. Armez-vous donc de patience et suivez les conseils ci-dessous pour des nuits plus douces…

① Bien tenir son bébé

Pour mettre bébé dans son lit, placez une main sous la tête et le haut du dos, et l'autre sous les fesses, car il a besoin de se sentir maintenu par votre bras pour être rassuré.
Posez-le doucement, puis retirez vos mains.
Les premiers temps, votre bébé s'endort souvent juste après la tétée, blotti contre vous. Mais si vous le couchez alors qu'il ne dort pas encore, faites-lui un câlin et dites-lui quelques mots rassurants. Ce rituel ne doit pas durer longtemps, mais veillez à le respecter.

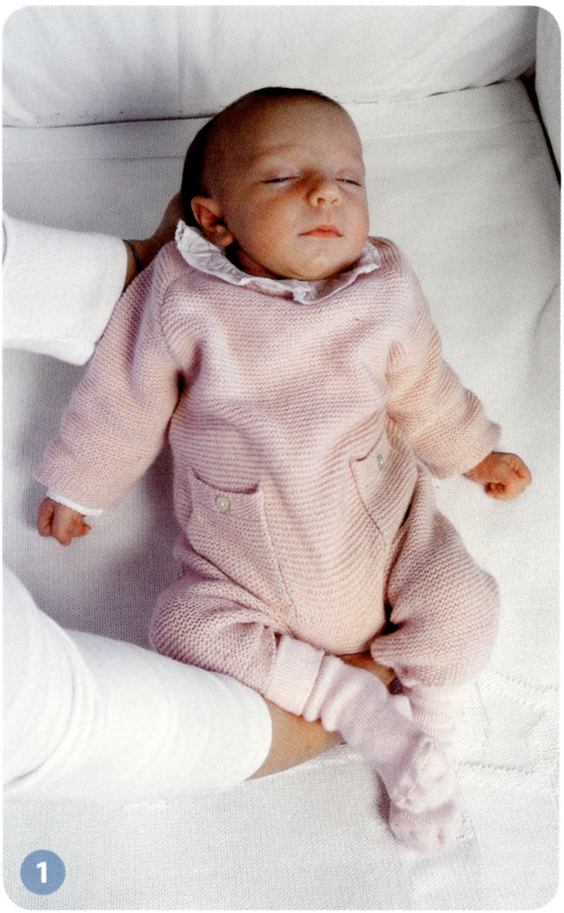
1

② La bonne position

Placez votre bébé sur le dos, sans couette, ni couverture, ni oreiller (voir page 59). Vérifiez qu'il n'est pas gêné pour respirer et, si besoin, nettoyez-lui le nez. Veillez à ce qu'il ne mette pas toujours la tête du même côté pour prévenir un aplatissement du crâne (plagiocéphalie).

Et si le bébé pleure ?

Durant les deux premiers mois, il ne faut pas hésiter à reprendre son bébé dans les bras pour le calmer en lui susurrant des mots doux s'il a du mal à s'endormir. Si vous dépassez le moment où le bébé est en éveil calme et qu'il se met en éveil agité, il aura du mal à se rendormir sans pleurer ; dans ce cas, inutile de le reprendre. Mais attention, en dormant, les nouveaux-nés bougent beaucoup, font des grimaces, leur respiration est irrégulière (ils font souvent des pauses), parfois les yeux sont ouverts et en plus ils émettent des petits bruits. Toutes ces manifestations sont caractéristiques de la phase de sommeil agité. Contrairement à ce que vous pensez, si votre bébé est dans cet état, il dort et il ne faut donc pas le réveiller car cela risque de perturber son cycle de sommeil et il aura du mal à se rendormir.

2

③ et ④ La bonne tenue

La journée, inutile de changer bébé de tenue pour dormir, cela évitera de le réveiller s'il s'est endormi dans vos bras. Mais après le deuxième mois, mettez-lui sa tenue de nuit avant de le mettre au lit (voir page 48), cela fera partie du rituel du coucher. Les draps et couvertures sont toujours proscrits. Par ailleurs, s'il fait chaud, il peut tout à fait dormir en body (voir page 44). En hiver, mettez-lui une gigoteuse.

Faut-il que le bébé dorme dans l'obscurité ?

La nuit oui, mais le jour, il n'est pas nécessaire de le faire dormir dans le noir. Ce changement dans la répétition aidera le bébé à faire la différence entre le jour et la nuit. Le soir, fermez les rideaux ou les volets et éteignez la lumière. Essayez également de le coucher à heures régulières dès le troisième mois. Pendant la tétée de nuit, laissez une lumière douce et tamisée. Il est inutile de lui laisser une veilleuse le temps qu'il s'endorme.

3

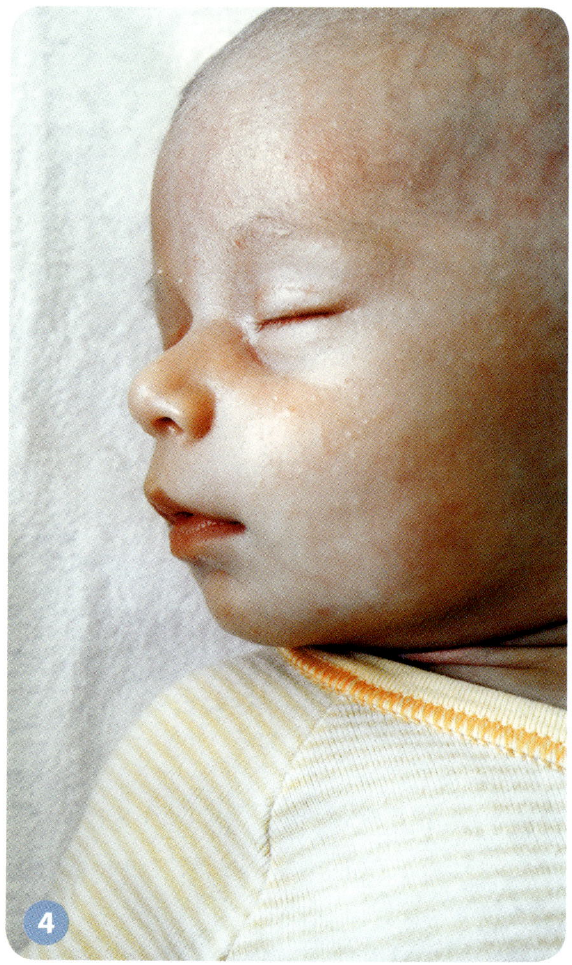

4

⑤ Avec des jumeaux

Si vous avez des jumeaux, mieux vaut les faire dormir dans des lits séparés car chacun a son propre rythme de sommeil. Cependant, s'ils n'arrivent pas à se calmer lorsque vous les couchez, vous pouvez essayer de les mettre ensemble. De même, cette solution peut être pratique si vous êtes en déplacement ou si vous avez peu de place ; mais au bout de 3 ou 4 mois, prévoyez un lit pour chacun.

Que penser du « co-sleeping ? »

Le co-sleeping consiste à laisser dormir le bébé dans le lit avec ses parents. Peu répandue en France, cette pratique est courante aux États-Unis. Elle évite à la maman de se lever pour les tétées de nuit et permet de maintenir le bébé dans un environnement rassurant. Le co-sleeping n'est pas sans risque pour le bébé, il augmente celui de la mort subite par écrasement ou étouffement. Les nouveaux-nés restent en général dans la chambre des parents durant les premiers mois de leur vie, le temps qu'ils fassent leur nuit.

5

EN SAVOIR +

Les bébés sont de gros dormeurs !

Voici un récapitulatif du **temps moyen de sommeil** par âge :
la 1re semaine entre 20 et 23 h par jour ; le 1er mois entre 17 et 20 h par jour ; vers 3 mois entre 15 et 18 h par jour et vers 6 mois entre 14 et 16 h par jour. Mais attention, ces données sont indicatives et ne soyez pas étonnée ni inquiète si votre bébé dort moins (ou plus !).

Comme chez les adultes, le sommeil des bébés est fait d'une alternance de sommeil dit « **profond** » et de sommeil dit « **paradoxal** » – même si la fréquence et la durée de ces cycles sont différentes à l'âge adulte. Pendant le sommeil agité, bébé peut gigoter, sourire, se contracter, pousser des petits cris et cligner des yeux ; c'est le temps de l'enregistrement des activités d'éveil pour les mémoriser et c'est aussi pendant cette phase que s'opère le **développement neuronal**. Durant le sommeil profond, au contraire, bébé est très calme, il respire lentement et paraît profondément endormi ; c'est la phase de **récupération physique** et de production de **l'hormone de croissance**.

Entre ces deux cycles, l'enfant peut se réveiller, et tout le problème est qu'il ne peut pas toujours se rendormir seul ! Un « vrai » sommeil ne s'installe véritablement que vers les 2 ans, même si au bout de quelques semaines (variable selon les individus) le **cycle jour-nuit** commence à s'instaurer. Jusque-là, réveils, difficultés pour se rendormir, et donc pleurs, sont tout à fait normaux… Rassurez-vous, à partir du 3e mois en général, la situation va s'améliorer. Enfin, bébé connaît aussi des moments de **somnolence** (au réveil, par exemple) ; il a alors les paupières baissées, les yeux dans le vague, et fait plein de mimiques étranges ! Tout à fait normal aussi !

Un rythme à trouver

Le jour, essayez de suivre le même déroulement des activités (par exemple, tétée, bain, habillement, repos, sortie…). Cela aide le bébé à faire la différence entre le jour et la nuit et favorise le sommeil nocturne : cette régularité le rassurera, le sécurisera et le mettra en phase avec votre rythme.

Matériel

Le **lit traditionnel à barreaux** a le mérite de pouvoir durer jusqu'aux 2 ou 3 ans de votre enfant (comptez à partir de 150 €). Vérifiez que les panneaux à barreaux ont une hauteur minimale de 60 cm et que l'espacement entre 2 barreaux (de 4,5 à 6,5 cm au maximum) ne permet en aucun cas au nourrisson d'y coincer sa petite tête. Si vous n'avez pas envie de ce « grand » lit pour coucher un tout-petit qui y paraît un peu perdu, optez alors durant les premières semaines pour un **couffin** (jusqu'à 3 mois) ; on en trouve à partir de 60 € (100 € pour un lit-couffin de voyage). À moins que vous n'héritiez du **berceau familial** ! Pourquoi pas… Dans tous les cas de figure, vérifiez bien que le couchage choisi a un fond plat et solide, et que le matelas a strictement les mêmes dimensions que ce fond. S'il y a des roulettes (berceau, lit), elles doivent comporter un système de **sécurité** ; dans le cas du couffin, les anses doivent être solides et mesurer au minimum 30 cm de diamètre pour que les manipulations soient faciles. À prévoir également des **alèses plastifiées** et des **draps-housses**, eux aussi parfaitement ajustés au matelas.

EN SAVOIR +

Attention
Ne donnez jamais à votre enfant de calmant ou de somnifère pour l'aider à dormir : ces médicaments ne conviennent pas du tout à un bébé et sont formellement interdits !

Faut-il réveiller un bébé pour le nourrir ?

Parfois, oui, car certains dorment tellement qu'ils sont capables « d'oublier » les tétées ! Si cela arrive souvent, le bébé ne sera pas assez nourri et ne grossira pas. Il faut donc savoir interrompre le dormeur.
Voilà quelques astuces : surveillez bébé, et profitez d'une phase de sommeil « agité » ; essayez de le découvrir, c'est parfois suffisant ; ou mettez votre enfant debout ou assis sur son lit, tout doucement, il y a de grandes chances pour qu'il ouvre les yeux spontanément. Il vous reste à lui parler, à le caresser, etc., pour qu'il reste éveillé.

Peut-on utiliser un oreiller dans les lits de bébé ?

Les oreillers sont à proscrire, au moins jusqu'à ce que l'enfant ait passé son premier anniversaire. D'une part pour que bébé dorme bien à plat sans déformer sa colonne vertébrale, mais surtout pour des raisons de sécurité, car il peut se glisser dessous et s'étouffer. De même, les couettes, édredons et couvertures sont à bannir.

Que peut-on faire pour éviter la mort subite du nourrisson ?

Même si la fréquence de la mort subite du nourrisson a beaucoup diminué grâce aux mesures préventives, c'est la première cause de mortalité des enfants de 1 mois à 1 an ; le risque se situe entre 3 et 6 mois et, le plus souvent, survient pendant le sommeil. Plusieurs hypothèses ont été avancées pour expliquer la mort subite du nourrisson : apnée (arrêt respiratoire), affection neurologique, problème génétique, voire certaines infections respiratoires, mais la plupart du temps le décès reste inexpliqué… Pour mettre toutes les chances de votre côté, voici quelques mesures simples : couchez votre enfant sur le dos et sur un matelas ferme (sur le ventre ou sur un matelas mou, le tout-petit peut s'étouffer). Bannissez couettes et oreillers et ne couvrez pas trop votre bébé la nuit. Et bien sûr, ne fumez jamais près de lui – que ce soit à la maison ou en voiture – et soignez correctement ses rhumes (voir page 67). Le fait de dormir avec son bébé augmente le risque alors que celui-ci diminue lorsque l'enfant est dans la chambre de ses parents.

CÔTÉ PSY

Les rituels du coucher

Au bout de deux mois, un bébé commence à distinguer les changements de rythme qui ponctuent le jour et la nuit de son environnement… Vous pouvez progressivement commencer à installer les rituels du coucher. La « nuit » de bébé commence parce qu'il ressent un plus grand calme dans la maisonnée ; pour accentuer cette sensation, allumez une veilleuse près de son lit. Après avoir donné la dernière tétée de la journée et changé votre enfant, mettez-lui sa tenue de nuit, et couchez-le après avoir fermé les rideaux. C'est le moment privilégié pour les câlins, les caresses, mais limitez les paroles si vous voulez que bébé s'endorme. En revanche, une main doucement posée sur lui, ou une berceuse chantonnée tout bas facilitera la venue du sommeil. Enfin, bébé trouve aussi calme et réconfort dans des objets familiers, comme un hochet, une peluche, un doudou.

les petits soins de santé

Soins du cordon

À la naissance, le cordon ombilical a été coupé à quelques centimètres du corps. Le petit morceau restant va se dessécher et tomber spontanément avant le 10e jour.

À surveiller

Si le petit bout de cordon ombilical n'est pas tombé de lui-même après une quinzaine de jours, il vaut mieux consulter votre médecin – de même, s'il suinte, s'il devient rouge, s'il dégage une odeur désagréable ou encore s'il apparaît un bourgeon dessus.
Après la chute du cordon, il persiste parfois une petite hernie qui fait saillir le nombril. N'essayez surtout pas de la réduire en comprimant le nombril du bébé, elle a toutes les chances de disparaître progressivement.
Quand le cordon commence à se détacher, laissez-le tomber tout seul, sans tirer dessus.

① Désinfecter le nombril

Avec un bâtonnet de coton ou une compresse, appliquez un produit désinfectant (comme l'alcool à 60 % ou la biseptine), en commençant par nettoyer le contour. Puis changez de bâtonnet ou de compresse et nettoyez le bout du cordon. Recommencez jusqu'à ce que la compresse soit propre. Ne craignez pas de faire mal à votre bébé, il ne sent rien. Vous devez faire ce soin chaque jour jusqu'à la chute du bout du cordon.

② Laisser à l'air

Il y a peu de temps encore, on recommandait de couvrir l'ombilic avec une compresse sèche et stérile. Actuellement, il est préconisé de ne pas recouvrir l'ombilic pour faciliter la cicatrisation. Repliez la couche pour qu'elle ne recouvre pas l'ombilic, cela évitera que l'ombilic ne soit en contact avec l'urine.

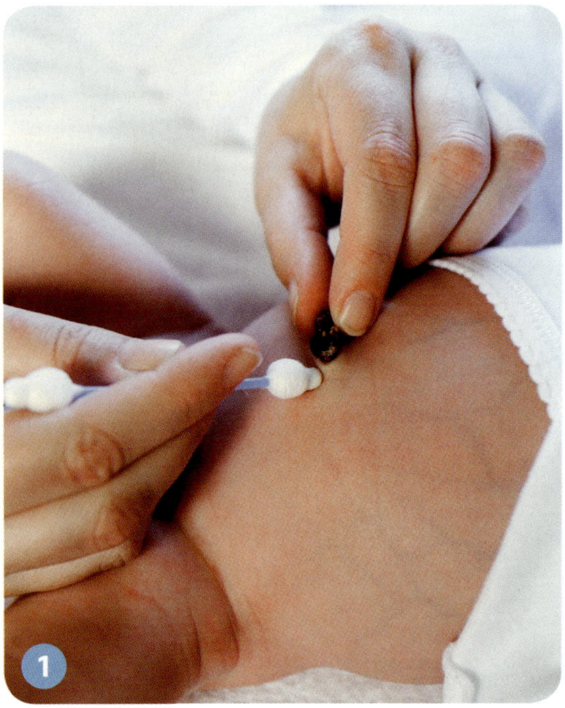
1

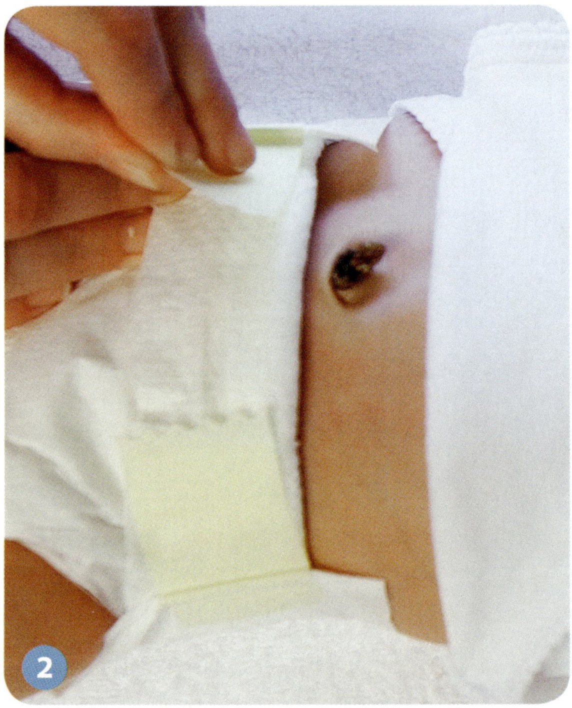
2

Donner un médicament

Pour les bébés, il existe plusieurs façons de donner un médicament sous forme de solution buvable : avec une pipette, une cuillère graduée, un biberon médicament. Quel que soit le procédé, deux précautions sont à suivre impérativement : pas d'automédication et respect de la dose prescrite.

Mettre un suppositoire

Ce n'est pas facile, ni pour vous, ni pour le bébé, c'est pour cela qu'il faut lui parler et être doux lors des manipulations. Pour que le suppositoire soit plus facile à mettre, pensez à le placer au frais (en bas du réfrigérateur). Allongez bébé sur le dos, repliez-lui les jambes et maintenez-le ainsi en lui tenant les chevilles. Vous pouvez enduire l'extrémité avec un lubrifiant. Introduisez lentement le suppositoire et serrez doucement ses fesses pour qu'il ne l'expulse pas. Conformez-vous bien au mode d'emploi pour ne pas introduire le suppositoire du mauvais côté.

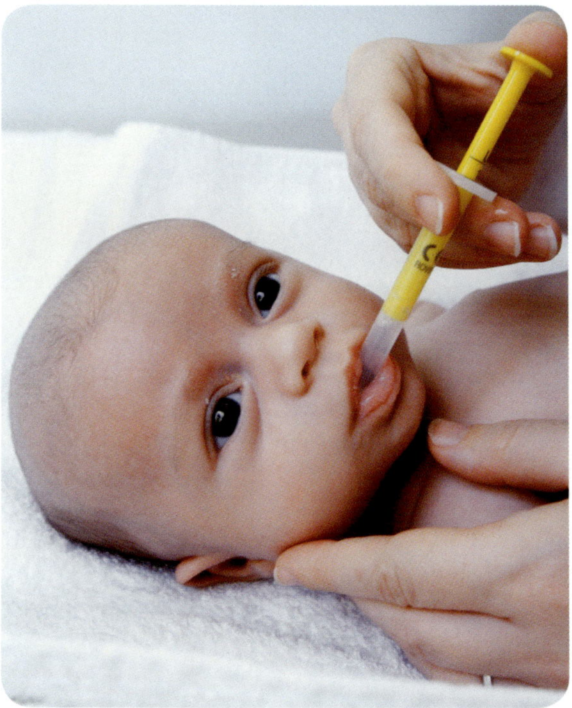

À la pipette

Allongez bébé sur la table à langer, ou sur une autre surface. Remplissez la pipette graduée en pompant dans le flacon contenant la solution buvable. Veillez à ne pas dépasser la prescription. Introduisez la pipette dans la bouche de votre bébé sans la mettre trop en arrière car cela risquerait de le faire vomir. Appuyez doucement sur le piston. Le bébé a le réflexe de téter, et rejette souvent un peu de produit en salivant, il faut donc y aller progressivement. Rincez la pipette avant de la ranger (d'autant que les produits sont souvent sucrés).

Lire une notice

Même si le médicament a été prescrit par votre médecin, il est indispensable de lire la notice du médicament, en particulier les termes suivants :

Posologie : dose quotidienne à donner au bébé, sur une période donnée (par le médecin). Si le pharmacien ne l'a pas fait, recopiez la posologie sur la boîte du médicament, car l'écriture du médecin n'est pas toujours lisible.

Contre-indication : circonstances pour lesquelles le traitement ne doit pas être administré.

Conservation : le mode de conservation (à l'abri de la chaleur, de la lumière, de l'humidité, à conserver au frais) est toujours indiqué, il faut le respecter pour que le médicament reste actif.

Date de péremption : date à partir de laquelle le médicament est périmé, à surveiller pour des raisons de sécurité et à ne jamais dépasser.

Effets secondaires : effets indésirables dont les plus fréquents sont les allergies aux antibiotiques.

Prendre la température

Il est inutile de prendre systématiquement la température d'un nouveau-né, mais il est impératif de la contrôler en cas de doute s'il semble avoir trop chaud ou trop froid et si son comportement vous intrigue.

① Avec un thermomètre électronique

Nettoyez le thermomètre avec du coton et un produit désinfectant (de l'alcool à 60 °C, par exemple). Éventuellement, enduisez son extrémité avec un peu de lubrifiant (de la vaseline). Mettez le thermomètre en marche et vérifiez que le zéro s'affiche bien. Attrapez les pieds de votre bébé, repliez-lui les jambes sans le brusquer et maintenez-les vers l'avant, pour éviter qu'il ne bouge. Puis introduisez délicatement le thermomètre tout en lui parlant. Dès que vous entendez le signal sonore (« bip »), retirez le thermomètre, la température est affichée dans le cadran. (Voir aussi page 30.)

② Avec un thermomètre à infrarouges

Mettez le thermomètre en marche, vérifiez qu'il affiche 0 °C. Passez-le quelques minutes devant le front du bébé, sans le toucher. Ce moyen est assez pratique, car vous pouvez prendre la température sans réveiller votre bébé. De plus, la température affichée est directement celle du bébé.

Quelques conseils

- Pour savoir si votre bébé a de la fièvre, ne touchez pas son front ni ses mains, le moyen le plus efficace est de prendre sa température.
- N'utilisez pas les thermomètres à mercure, ils sont d'ailleurs désormais interdits à la vente.
- Réservez un thermomètre pour le bébé uniquement, qui ne soit pas celui des autres membres de la famille.
- Nettoyez l'embout du thermomètre avec du coton et un produit antiseptique avant et après chaque utilisation.
- Prenez la température de votre nouveau-né à chaque fois qu'il a un comportement inhabituel ou qu'il présente des symptômes tels que le rhume, la diarrhée…

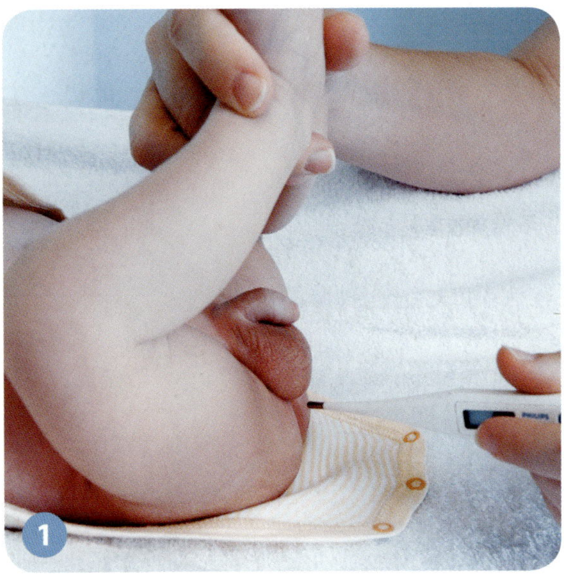

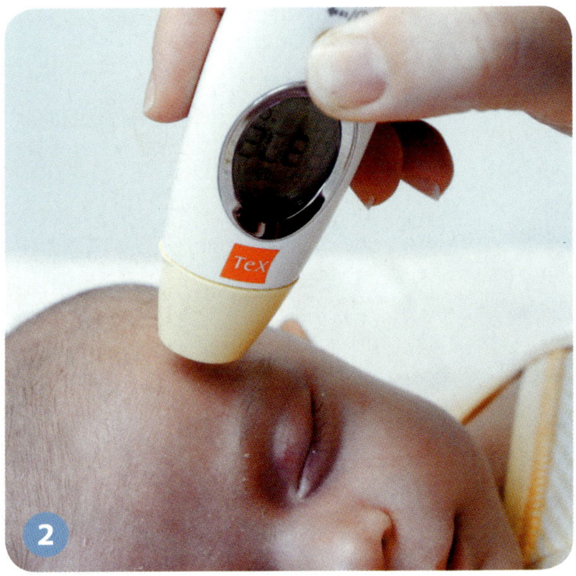

Mettre des gouttes dans les oreilles

Pour mettre des gouttes dans les oreilles, il vaut mieux que le bébé soit allongé. Veillez aussi à être à votre aise, et essayez de ne pas trop vous pencher.

① Réchauffer le produit

Comme à chaque fois que vous faites un soin à votre bébé, lavez-vous les mains et veillez à avoir près de vous tout ce dont vous avez besoin. Prenez le produit et réchauffez-le en le tenant quelques instants entre les mains ou en le mettant sous l'eau chaude. Ce sera moins désagréable pour votre bébé.

② Faire couler

Allongez le bébé et tournez-lui la tête sur le côté gauche (pour l'oreille droite), en lui tenant la tempe fermement. Placez l'embout du flacon à l'entrée de l'oreille, mais sans l'enfoncer, et laissez couler le produit en respectant le nombre de gouttes prescrit. Maintenez-le ainsi quelques instants, le temps que le liquide pénètre bien dans la cavité. Essuyez éventuellement le pavillon avec du coton ou une compresse. Procédez de la même façon pour l'autre oreille.
Notez que les gouttes auriculaires se périment très vite après ouverture du flacon (à vérifier avant de réutiliser un flacon déjà entamé).

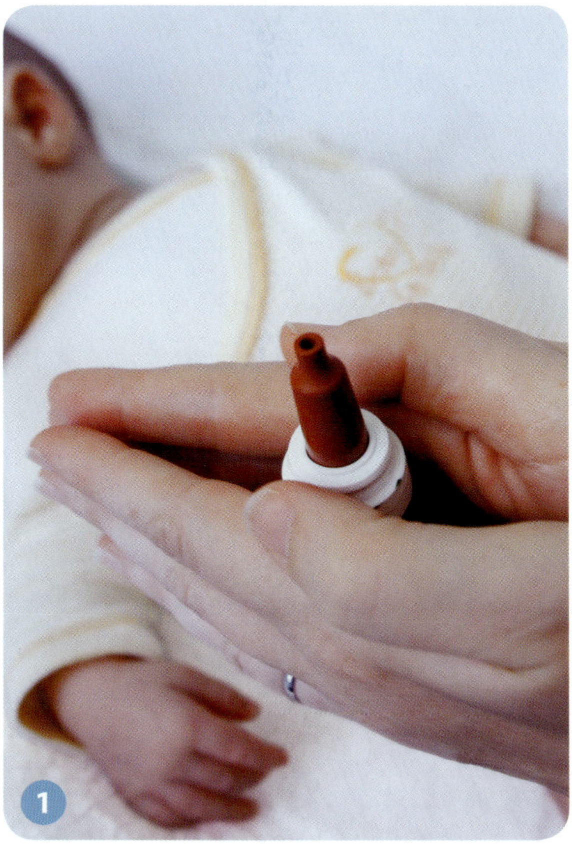
1

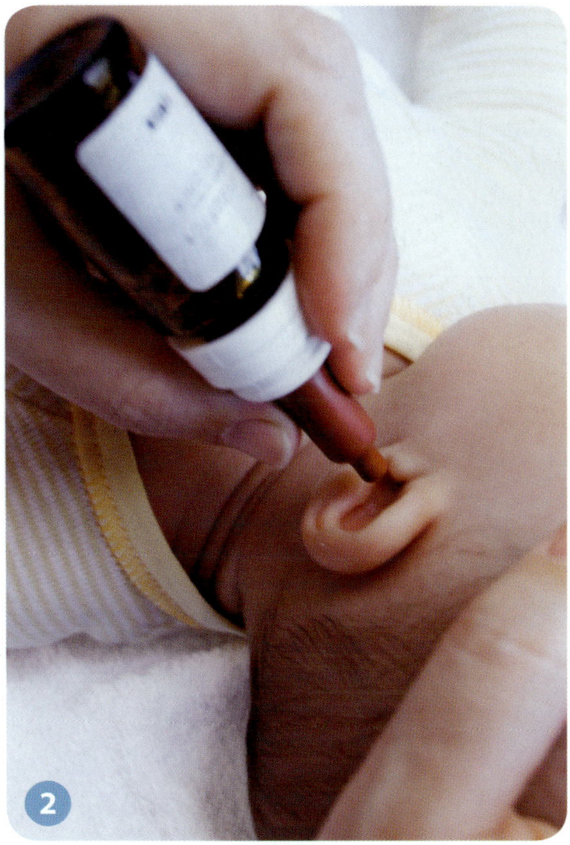
2

Mettre des gouttes dans les yeux

La conjonctivite, inflammation de la muqueuse qui tapisse l'intérieur des paupières et le blanc de l'œil, est fréquente chez les jeunes bébés. Il s'agit le plus souvent d'un trouble bénin qui sera soigné avec un collyre ou une pommade prescrits par le médecin.

① Nettoyer les yeux

Avant de mettre le collyre (ou la pommade), il faut d'abord nettoyer les yeux avec une compresse et du sérum physiologique (voir page 22).

② Instiller le collyre

Tenez la tête du bébé d'une main et tournez-la légèrement du côté opposé de l'œil. Avec le pouce et l'index de la même main, écartez les paupières supérieure et inférieure. Déposez le produit dans l'angle interne de la commissure de l'œil. Veillez à ce que l'embout du flacon ou de la dosette ne touche pas l'œil pour ne pas faire mal au bébé, mais aussi pour ne pas contaminer le flacon. Procédez de même pour l'autre œil. Essuyez les petites larmes éventuelles avec une compresse stérile.

Conserver le collyre

Si vous utilisez du collyre en dosette, jetez l'unidose après utilisation. Si vous utilisez un flacon de collyre, vous pouvez le conserver 30 jours maximum, dans son emballage d'origine et à une température inférieure à 25 °C.

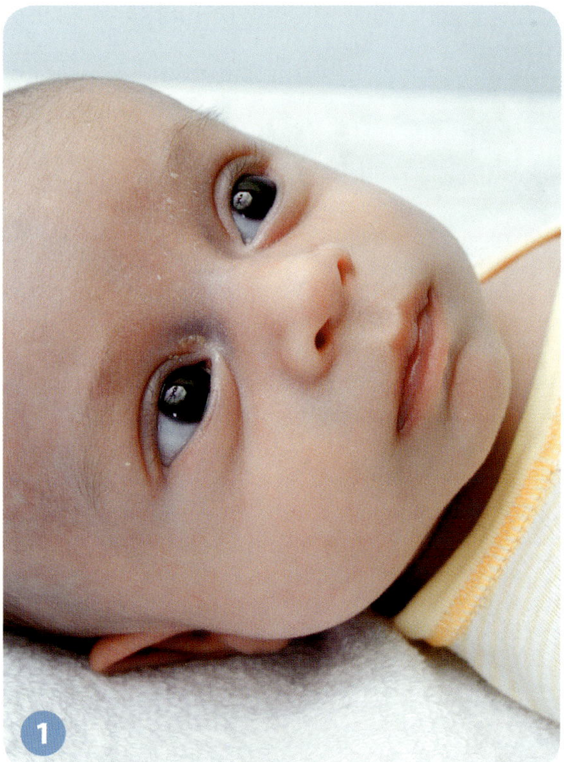

1

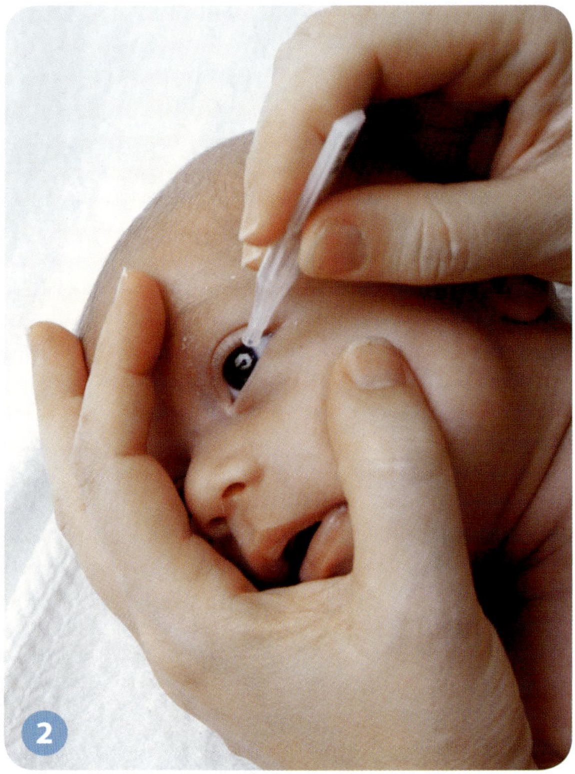

2

Utiliser un mouche-bébé

Si votre bébé est enrhumé, nettoyer son nez ne suffira pas toujours pour le moucher, il faudra parfois recourir à un mouche-bébé pour retirer les mucosités. Un bébé respire essentiellement par le nez, il faut donc le dégager avant qu'il tète ou qu'il dorme.

① Nettoyer le nez

Nettoyez d'abord chaque narine avec du sérum physiologique en dosette et du coton (voir page 22) ou directement en instillant avec un pulvérisateur. Dans ce cas, ne l'enfoncez pas trop, mais laissez-le près de l'ouverture de la narine.

② Utiliser le mouche-bébé

Allongez bébé et tournez-lui la tête sur le côté en la tenant. Le mouche-bébé est composé d'un embout jetable, relié à un tuyau lui-même rattaché à un embout buccal. Placez l'embout à l'entrée de la narine, sans l'enfoncer. Aspirez et faites de même dans l'autre narine. Jetez l'embout utilisé.

Pour prévenir les rhumes

- Pensez à aérer régulièrement la chambre de votre enfant, même en hiver.
- Surveillez l'humidité de sa chambre. Vous pouvez utiliser un humidificateur ou une simple casserole remplie d'eau chaude (sur le radiateur).
- Évitez d'emmener votre bébé dans les transports en commun ou les lieux très fréquentés, qui favorisent la propagation des virus.

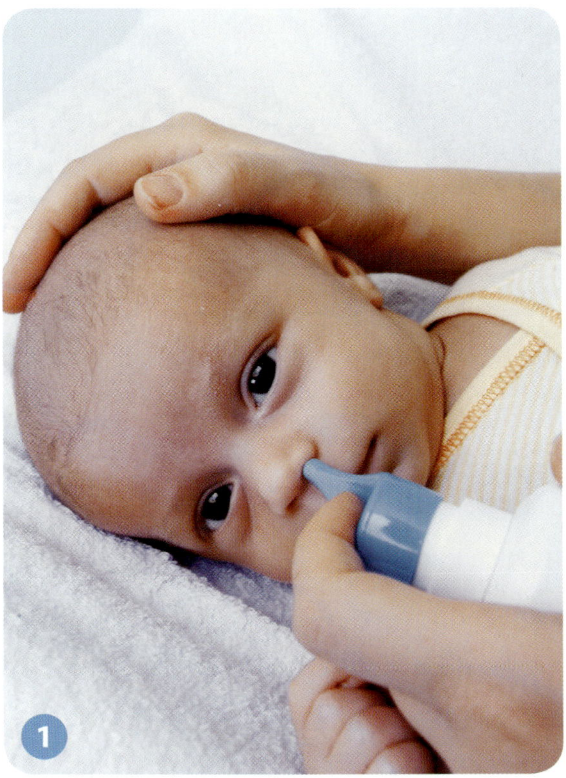

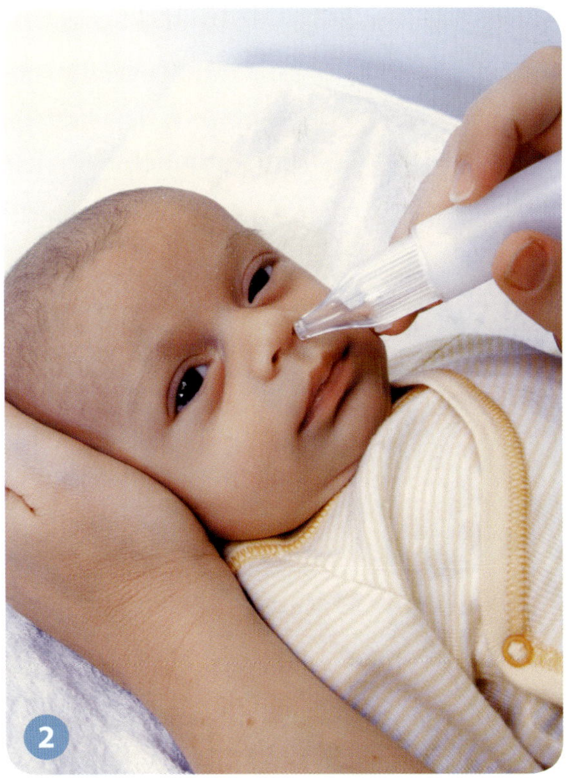

EN SAVOIR +

Comment prendre la température

Le thermomètre tel que celui de votre pharmacie, pourvu qu'il soit électronique, peut très bien convenir. En revanche, bannissez le « vieux » thermomètre à mercure, dangereux d'emploi et polluant, et qui est d'ailleurs interdit de vente (depuis 1988). Les thermomètres **auriculaires** font très « pro » (très précis et quasi instantanés), mais ils coûtent cher et bébé peut ne pas apprécier spécialement qu'on lui glisse un objet dans l'oreille. La prise de température **rectale** reste la plus prisée en France (mais ne se pratique pas dans de nombreux autres pays…) ; elle est considérée comme la plus fiable, mais avec bébé, ça n'est pas forcément la plus pratique non plus ; si vous y tenez, enduisez le bout du thermomètre avec un peu de lubrifiant avant de vous lancer… On peut aussi prendre la température **sous l'aisselle** (axillaire), ou **sous la langue** (sublinguale) ; dans les deux cas, il faut rajouter 0,5 °C au résultat pour avoir la température exacte. Comme vous ferez souvent ce geste, voyez ce qui dérange le moins votre enfant, et ensuite ne changez plus. Avec « l'habitude », bébé ne réagira plus à cet acte devenu **familier** (voir page 64). Il faut toujours penser à contrôler la température en cas de réveils inhabituels ou d'autres symptômes (rhume, diarrhées…). Durant les deux premiers mois, toute fièvre nécessite un **bilan médical** en urgence en raison des risques d'infection néo-natale.

Température du nourrisson

Elle se situe entre 36,5 et 37,5 °C. Mais veillez à prendre la température quand le bébé est calme, les pleurs ou les cris pouvant augmenter la température de façon significative.

Matériel

Pour faire face aux petits bobos quotidiens de bébé, voici ce qu'il faut avoir dans son armoire à **pharmacie** :

- un **thermomètre** pour le bébé,
- un **antiseptique** non piquant (pour nettoyer les petites coupures, les égratignures),
- de l'alcool à 60 % vol ou de la biseptine,
- du **sérum physiologique** en dosettes (pour nettoyer les yeux et le nez, voir page 66-67),
- une **crème** pour soigner les fesses rouges,
- du **paracétamol**, (pour faire baisser la fièvre et à titre d'antalgique),
- des **compresses stériles** et des pansements prédécoupés
- une crème contre les ecchymoses (vers 1 an),
- une crème contre les piqûres (en cas de voyage et en été),
- une crème contre les brûlures,
- un **liquide de réhydratation** (en cas de diarrhées).

Même si votre bébé n'est pas encore capable d'ouvrir les tiroirs, mettez l'armoire à pharmacie en hauteur et prenez l'habitude de la fermer à clé.

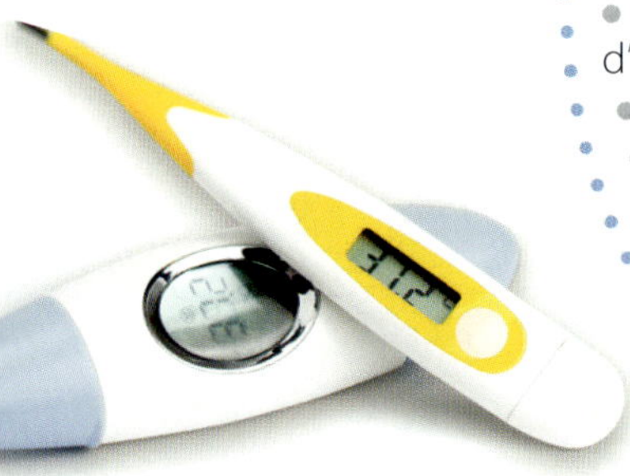

Depuis l'interdiction du thermomètre à mercure, on trouve trois types de thermomètre : électronique, au carbone ou à infrarouges ; chacun ayant son propre mode d'utilisation, son efficacité et son prix !

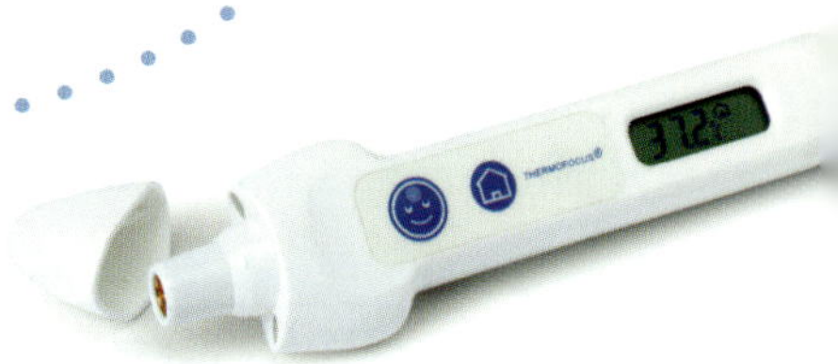

Conservation des médicaments

Gardez les produits dans leur boîte d'origine et tenez compte des instructions de conservation (au froid, à l'abri de la lumière, de l'humidité...). Remettez sans tarder à votre pharmacien les médicaments périmés.

La douleur chez le nouveau-né...

La douleur des bébés est reconnue et prise en compte depuis une vingtaine d'années alors qu'elle était niée par beaucoup de spécialistes malgré le vécu des mamans qui sentaient combien un bébé pouvait souffrir. Actuellement, il existe de nombreux médicaments dits « antalgiques » pour lutter contre la douleur qu'il s'agisse d'un simple mal-être (poussées dentaires), d'une vaccination ou bien d'un acte plus intrusif.

L'association Sparadrap se bat depuis des années pour des soins médicaux respectueux des tout-petits... et des parents. Un site à retenir et à faire connaître : www.sparadrap.org.

EN SAVOIR +

... comment l'identifier...

La principale manifestation de la douleur, c'est le pleur que les mamans identifient très vite, car il n'a aucun rapport avec les pleurs de faim ou d'éveil agité. Dans tous les cas, il faut rester attentif au comportement de votre bébé : s'il pleure sans arrêt et ne se calme ni dans vos bras, ni en buvant, il faut s'alarmer. Les troubles du sommeil peuvent être révélateurs d'une douleur, notamment quand votre bébé se réveille en pleine nuit en hurlant : cela peut être un simple accès de fièvre, voire une otite quand il a un rhume traînant. Attention, l'intensité de la douleur ne rime pas forcément avec agitation. Au contraire, plus la douleur dure, plus elle devient insupportable, plus le bébé va se replier sur lui-même, cessant de crier et de pleurer. La prostration doit autant vous alerter que les gesticulations.

... et comment se comporter

Aucune douleur n'est à négliger ; dès que vous remarquez un changement de comportement, prenez contact avec votre médecin. Bien sûr, le « mal » une fois identifié, il faut apporter les soins nécessaires, mais ce n'est pas suffisant. Votre attitude de parent soignant est aussi importante que les gestes techniques. Bébé a besoin d'être rassuré, consolé, calmé. Surtout ne montrez pas votre anxiété, car votre enfant va la ressentir et la sienne va augmenter. Avant, pendant et après les soins, parlez-lui, dites-lui ce que vous faites, d'une voix douce et calme, et qu'il va aller mieux une fois que vous aurez terminé.

CÔTÉ PSY

Que faire en cas de fièvre ?

Un enfant a de la fièvre si sa température dépasse 38 °C et celle-ci doit être traitée rapidement car elle peut vite atteindre 40 °C. Si elle est autour de 38 °C, découvrez votre enfant et laissez-le quelque temps en body. Vérifiez aussi que la température de la chambre n'est pas trop élevée (20 °C). Si la fièvre ne tombe pas, donnez à votre enfant du paracétamol aux doses correspondant à son poids et consultez sans tarder votre médecin : en effet, avant 2 mois, la fièvre est une urgence. N'oubliez pas de faire boire régulièrement un bébé fiévreux pour éviter tout risque de déshydratation. Quant à la technique du bain pour faire tomber la fièvre, elle est aujourd'hui remise en question... Si votre bébé apprécie d'être baigné, faites-le en veillant à ce que l'eau du bain soit inférieure de 2 °C par rapport à sa température (par exemple : eau à 38 °C s'il a 40 °C).

le bien-être

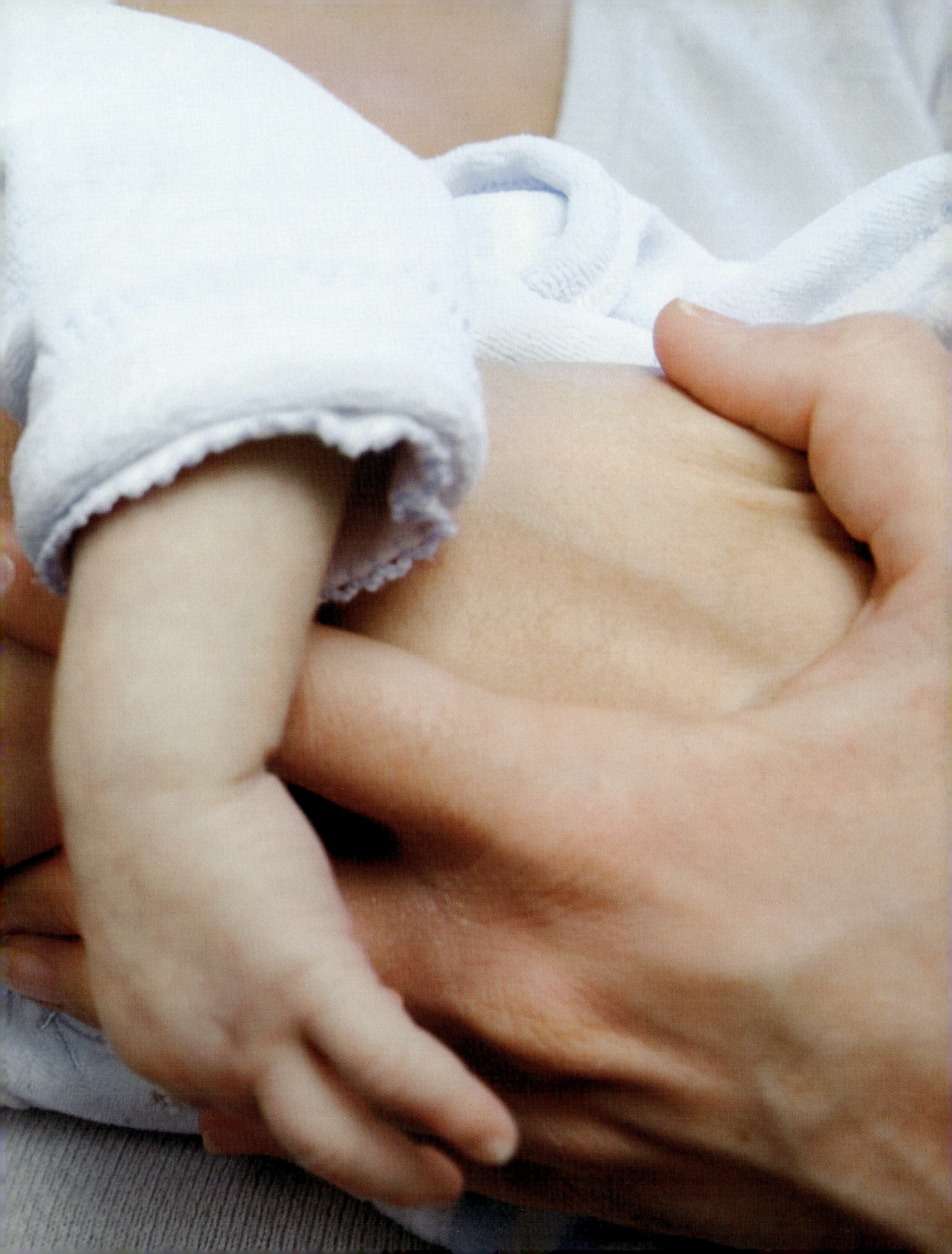

Les massages

Masser votre bébé ne demande ni un savoir-faire particulier, ni des produits spécifiques. Les photos présentées ici constituent juste un exemple, et vous choisirez, selon les moments, de suivre toute la séquence ou de masser seulement telle ou telle partie du corps. Le but est avant tout que vous preniez tous deux du plaisir à cet échange tactile.

① ② et ③ Les épaules et le thorax

Pour que votre bébé n'ait pas froid durant le massage, il est bien que la température ambiante se situe entre 22 °C et 24 °C. Avant de commencer, lavez-vous bien sûr les mains et enduisez-les d'huile végétale neutre (amande douce, par exemple) ou de lait hydratant. Attention, n'utilisez surtout pas d'huiles essentielles : même très diluées, elles sont proscrites avant l'âge de 3 ans. Allongez votre enfant sur le dos, vous pouvez lui masser lentement les épaules et le haut des bras, en allant d'avant en arrière ①. Faites ensuite glisser plusieurs fois vos mains des aisselles à l'aine ②. Le massage du buste peut s'effectuer avec des mouvements croisés, la main sur l'épaule droite allant vers la hanche gauche, et inversement ③.

Le meilleur moment

Les massages demandent une certaine disponibilité de part et d'autre. Inutile donc de masser votre bébé si vous êtes pressée, énervée ou anxieuse, ou si lui, de son côté, est tenaillé par la faim. Comme pour les câlins, votre enfant sera bien plus disposé à cet échange s'il est rassasié, propre et calme. Durant les premières semaines, le meilleur moment est sans doute celui qui suit ou précède la toilette. Par la suite, le bébé restant plus longtemps éveillé, les occasions se feront plus nombreuses. Quel que soit l'âge, évitez toutefois d'effectuer les massages aussitôt après le repas pour ne pas perturber la digestion.

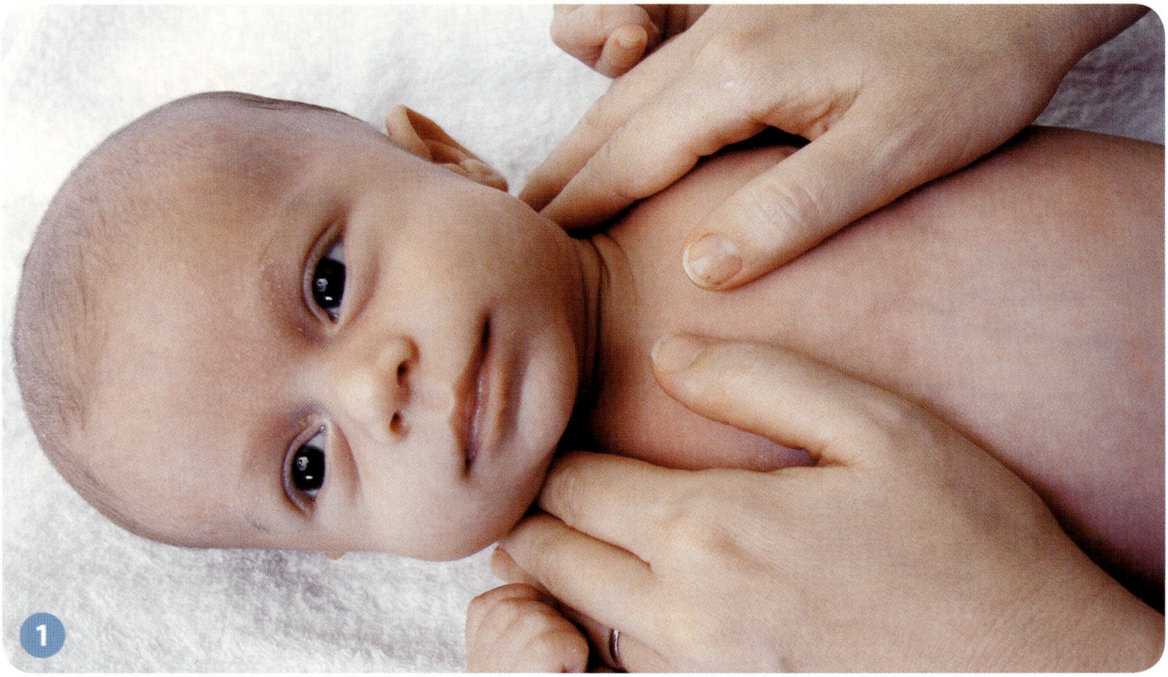
1

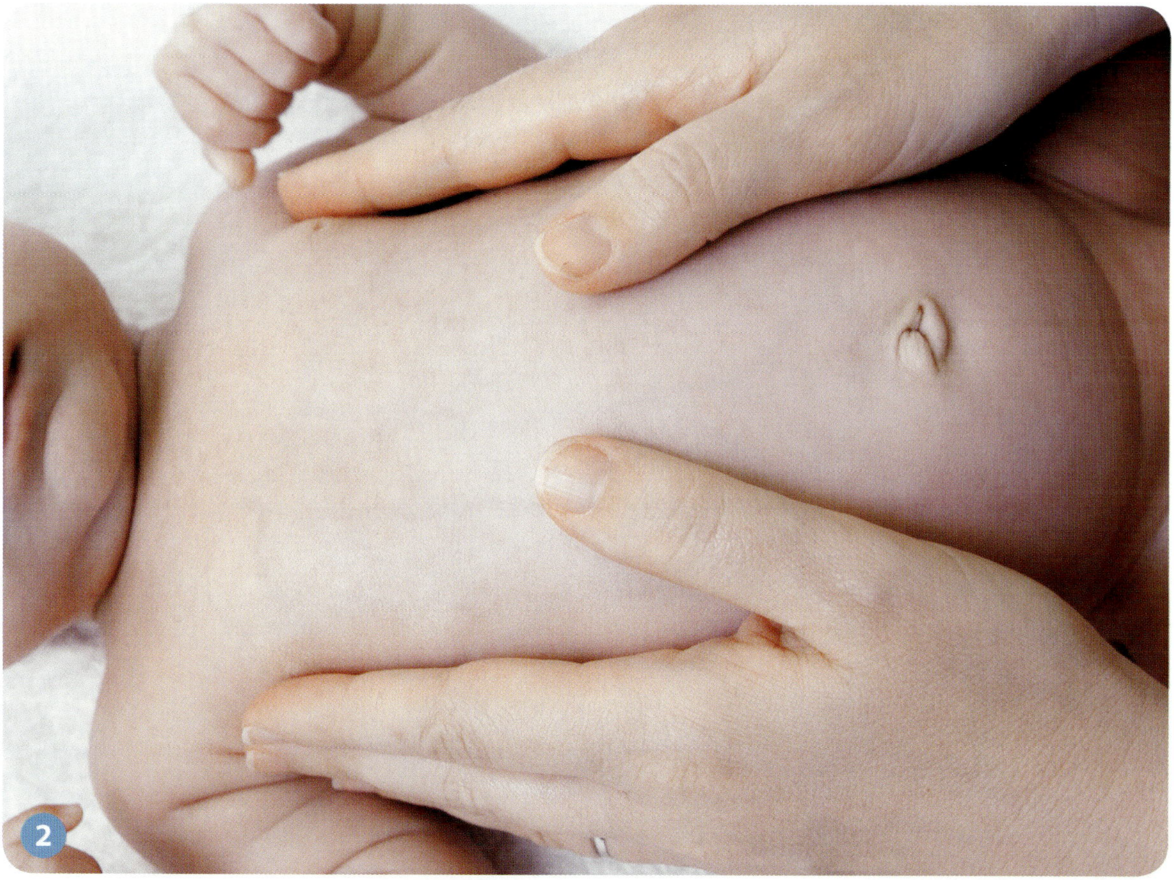

2

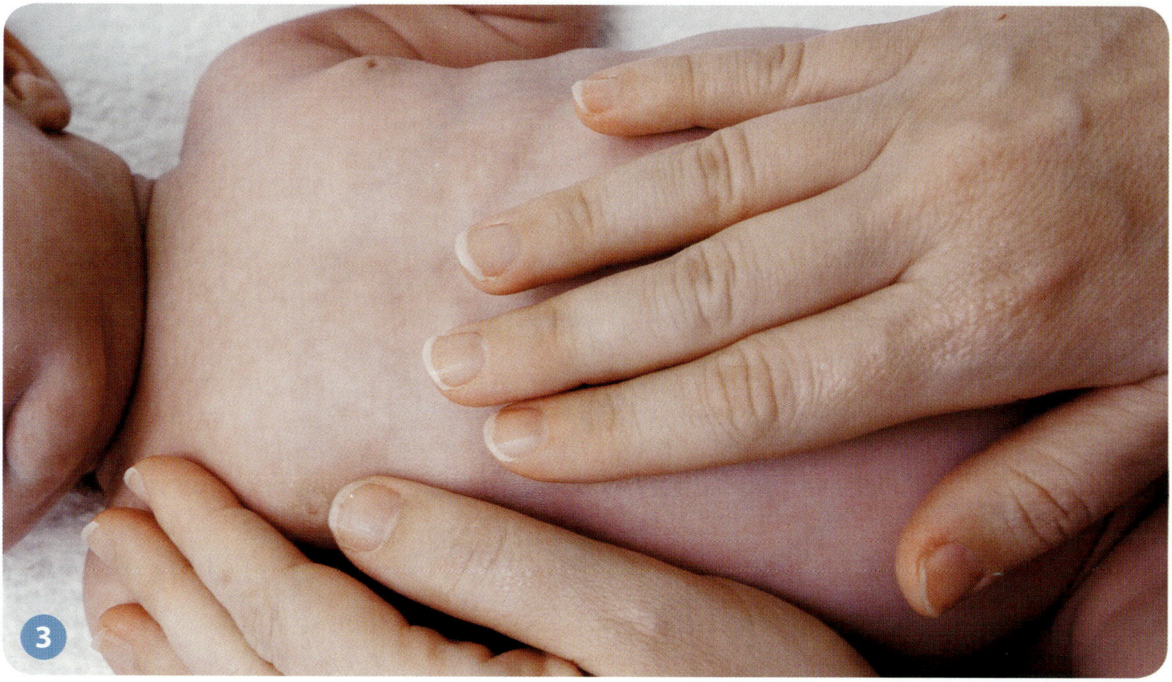

3

④ Les plis de l'aine

Massez doucement l'aine en lissant les petits plis de la peau. Si votre bébé apprécie et se sent détendu, il s'étirera peut-être…

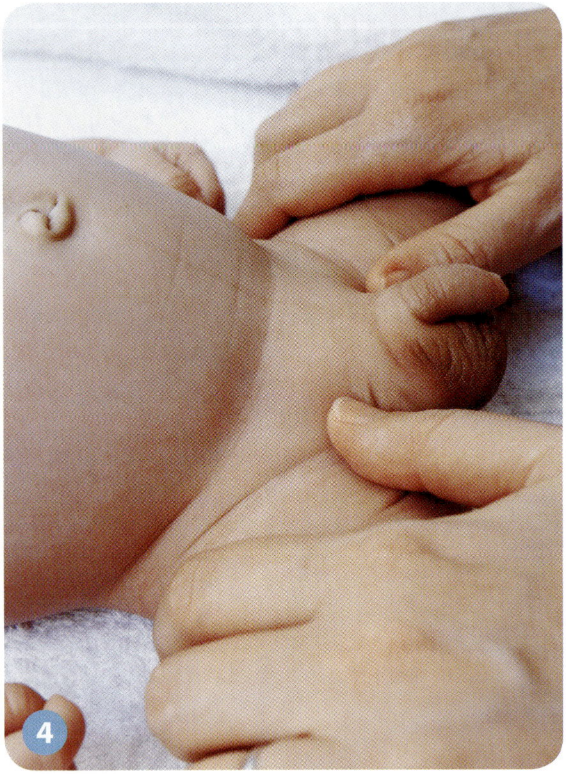

⑤ et ⑥ Les jambes et les pieds

Pour masser les membres, il est plus commode d'employer ses deux mains. Tandis que l'une enserre la cuisse, l'autre glisse jusqu'à la cheville, avant de remonter ⑤. N'oubliez pas la plante des pieds, dont le toucher suscite des sensations agréables. Partez du talon et allez vers les orteils, en effectuant de petits mouvements circulaires avec le pouce ⑥.

⑦ Les bras et les mains

Pour les bras, vous pouvez former un anneau avec vos mains et glisser vers l'extrémité du membre. Une autre technique consiste à tenir le poignet d'une main et à effectuer des allers et retours de l'autre main. Massez enfin la paume avec le pouce, et terminez en étirant doucement chaque doigt de la paume vers l'extrémité.

⑧ et ⑨ Le dos

Une fois que votre enfant est sur le ventre, descendez doucement des épaules vers les fesses. Les mains, posées à plat de part et d'autre des vertèbres, enveloppent les flancs du bébé ⑧. Le dos étant une zone fragile, ne manipulez surtout pas la colonne vertébrale. Désormais, votre bébé est peut-être prêt à dormir, signe que la séance l'a agréablement détendu ⑨…

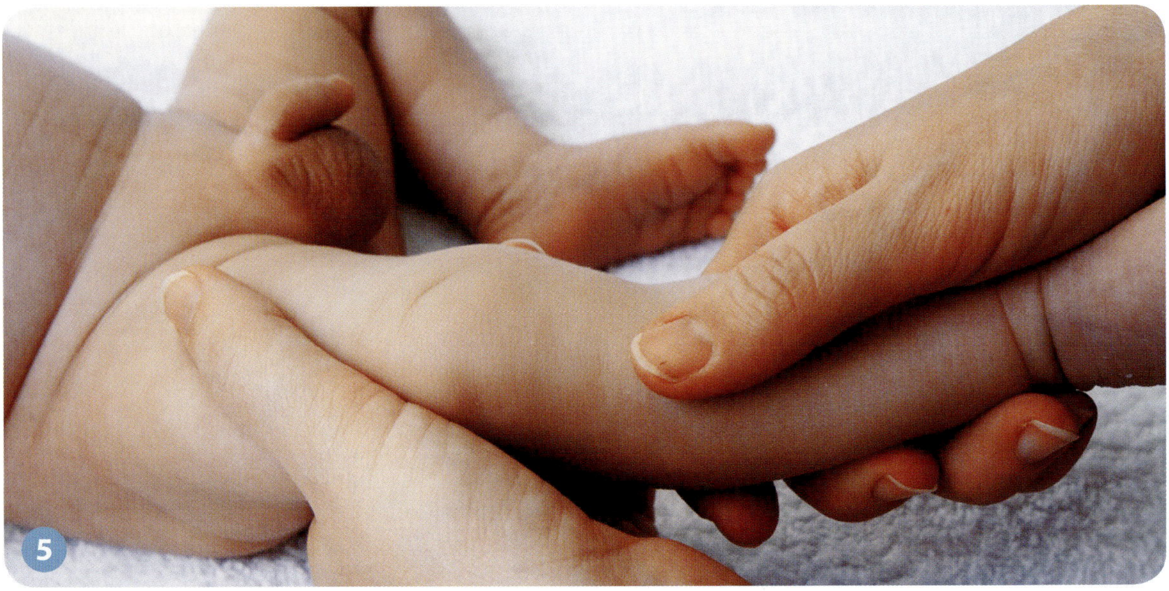

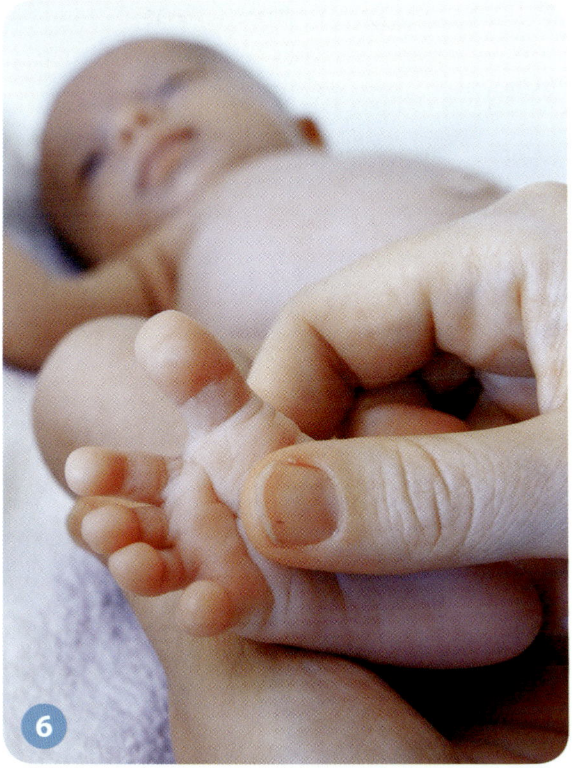
6

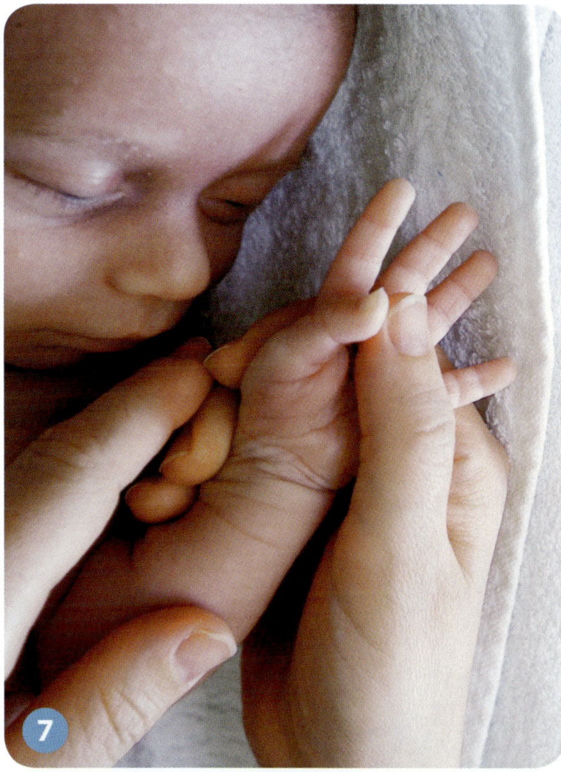
7

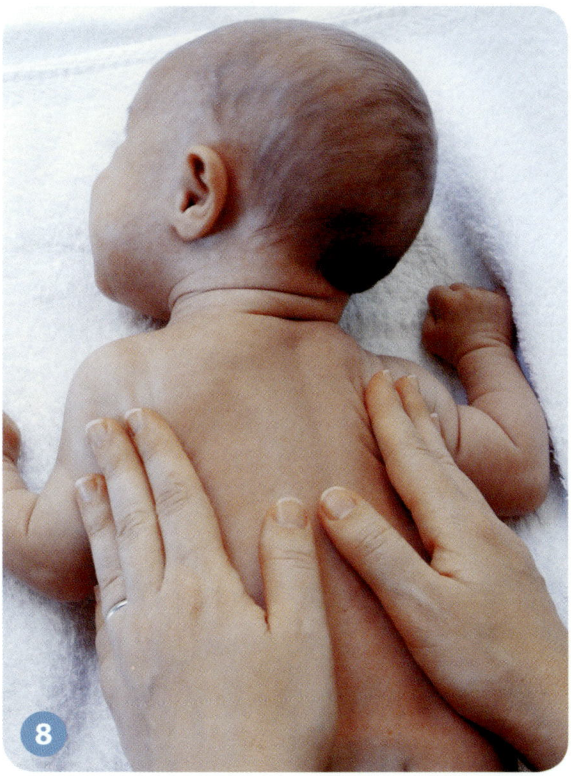
8

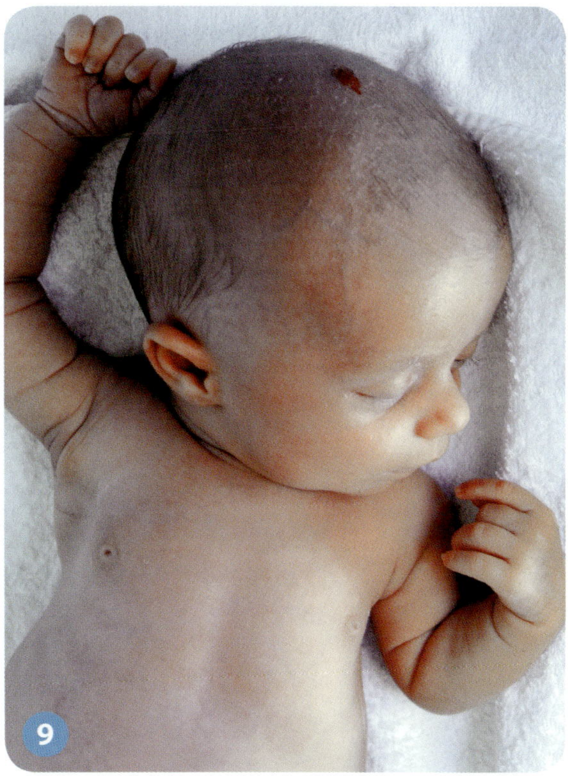
9

Bien porter son bébé

Il existe différentes façons de porter un nouveau-né. Votre bébé se sentira bien du moment que vos bras constituent une enveloppe sécurisante. Veillez toutefois à bien soutenir sa tête et ses fesses, surtout durant les trois premiers mois.

① et ② En appui sur l'avant-bras

Aussi confortables l'une que l'autre, ces positions assurent un bon soutien de la nuque. La position à califourchon ② apaise parfois certaines coliques. La position dorsale ① est commode au sortir du berceau. Pour prendre le bébé, ne le soulevez pas par les aisselles. S'il est sur le dos, placez une main sous ses fesses, entre ses cuisses, et l'autre derrière sa nuque. Puis soulevez-le en vous servant de la main placée sous les fesses, l'autre maintenant toujours la tête.

③ et ④ Blotti contre la poitrine

Reposant contre vous, le bébé est d'autant plus à l'aise qu'il est rassuré par votre odeur et par la proximité de votre corps. N'hésitez pas à le tenir fermement, un nouveau-né aime se sentir soutenu. Tourné vers vous ③, il est dans une position plus propice aux câlins ou à l'endormissement. Lorsqu'il se trouve en phase d'éveil, intéressé par ce qui l'entoure, vous pouvez également le placer dos contre vous ④. Avant 3 mois, toutefois, cette position le fatiguera vite.

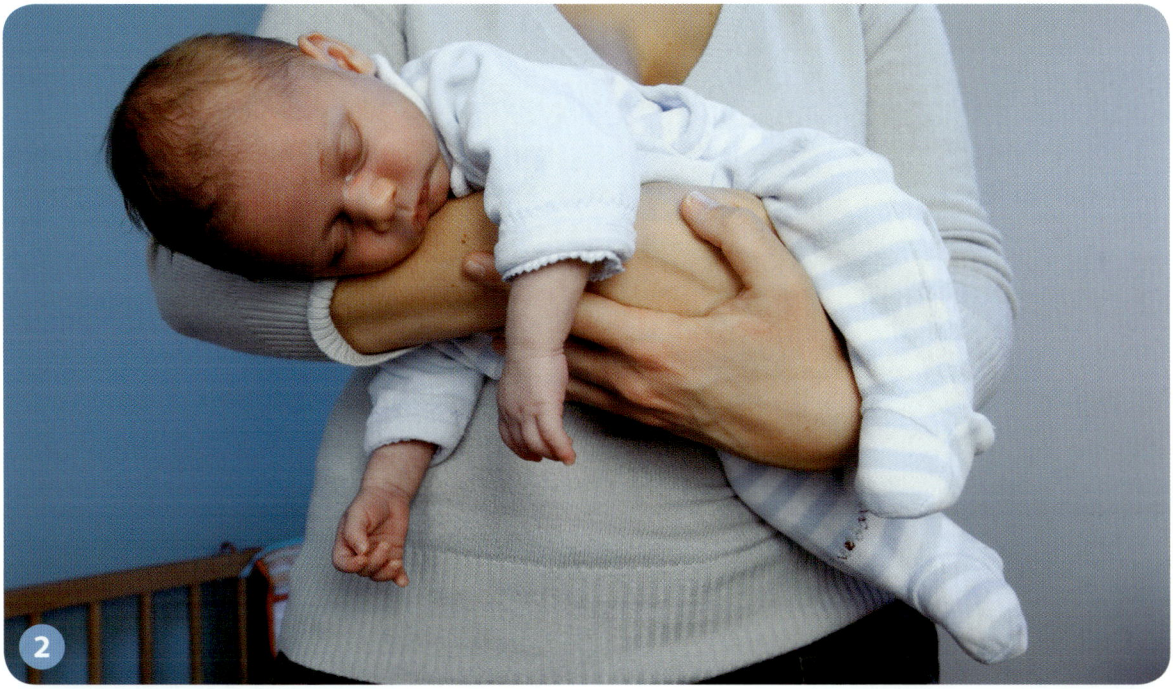
2

3

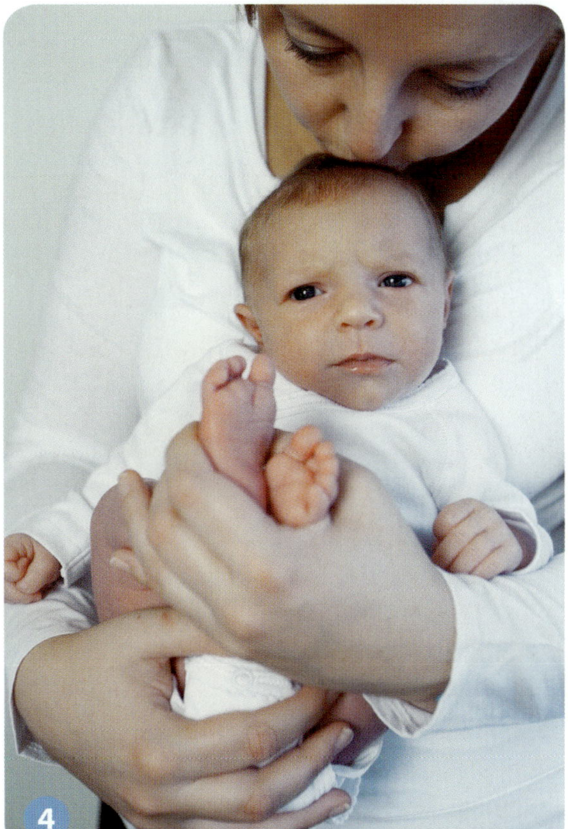
4

EN SAVOIR +

Le massage, une médecine douce à part entière

Dans beaucoup de pays aux traditions médicales millénaires (en Asie, par exemple), le **massage du tout-petit** est naturellement pratiqué. En Occident, ses vertus sont reconnues depuis une trentaine d'années et il est couramment admis aujourd'hui que des massages régulièrement prodigués dès les premières semaines de la vie peuvent contribuer durablement au **bien-être**, ainsi qu'au bon **développement physique et psychique** de l'enfant. Pour le parent, le fait de « soigner » son enfant de ses propres mains est également très gratifiant, et il va de soi que ces « séances » permettent de renforcer des liens d'**intimité** entre parents et nouveau-né. La peau est un organe sensoriel essentiel qui permet de donner petit à petit au nouveau-né les **limites de son corps** (notion de dedans-dehors). En pratique, on peut commencer à le masser dès la première semaine. Côté « thérapeutique », le massage a, bien sûr, des vertus très apaisantes sur le tout-petit, mais il peut aussi améliorer spécifiquement des **maux** et des **dysfonctionnements** : éveil agité, troubles bénins associés à la digestion, comme les coliques, la constipation. Le meilleur moment pour masser un bébé, c'est après le bain ou avant le coucher. En revanche, mieux vaut supprimer la séance si votre enfant est fatigué ou s'il a faim. Dans tous les cas ne dépassez pas 5 minutes de massage pour les nouveaux-nés, et 10 minutes pour les enfants à partir de 3 mois. Enfin, si vous voulez en apprendre d'avantage, sachez qu'il existe aujourd'hui des **formations spécifiques**, animées par des professionnels, qui peuvent vous initier dès la maternité.

Avec quel produit ?

Le mieux est d'utiliser une huile végétale du type huile d'amande douce (ou le beurre de karité) : légèrement tiède, c'est encore mieux. Les « huiles pour bébé » ne sont pas toujours bien absorbées par la peau du tout-petit. N'utilisez jamais d'huiles essentielles (très puissantes), sauf recommandées par un praticien de santé qualifié.

Le massage des nouveaux-nés désormais effectué par de nombreuses mamans dans les pays occidentaux est en fait pratiqué depuis des siècles en Asie, en Afrique et en Amérique latine.

Des massages qui « soignent »

Pour soulager les troubles digestifs, massez le petit ventre dans le sens des aiguilles d'une montre de façon **douce et répétitive** en repliant les jambes vers le haut et en exerçant des pressions par intermittence (plutôt quand le bébé expire). Attention, même si la pression doit rester légère, ne transformez pas le massage en chatouillis sous peine d'annuler les **bénéfices** de la pratique ! Ne massez pas la tête d'un tout-petit avant 2 ans, car la zone est extrêmement fragile.

EN SAVOIR +

Pourquoi pas l'ostéopathie ?

L'ostéopathie pour les tout-petits a le vent en poupe. Le plus souvent, il s'agit d'ostéopathie crânienne, mais la pratique peut être étendue à tout le corps selon les besoins.
Cette thérapie manuelle, grâce à de très légères pressions au niveau musculo-squelettique, peut soulager les tensions supportées par le nouveau-né lors de l'accouchement, vérifier et rectifier des postures, voire prévenir ou soulager des affections (troubles du sommeil et digestif…). La consultation chez l'ostéopathe est particulièrement recommandée en cas de naissance difficile :

- le bébé s'est présenté par le siège
- le cordon s'est enroulé autour du cou
- les forceps ou la ventouse ont été utilisés
- en cas de césarienne réalisée en urgence.

Mais aussi quand votre bébé n'arrive pas à bien tourner sa tête vers la droite ou la gauche, s'il a un torticolis congénital (tête fixée dans un sens et impossible à tourner dans l'autre sens) ou encore pour traiter les reflux gastro-œsophagiens, les troubles du sommeil, les pleurs, les états d'excitabilité… Et tout simplement pour vérifier que tout va bien !
Pour trouver son praticien, il y a le SNMO (Syndicat national desmédecins ostéopathes ; tél. : 01 46 22 35 54 ; www.medecin-osteopathe.org). Attention, la consultation n'est prise en charge par la Sécurité sociale que partiellement et que si le praticien est médecin. Coût d'une séance : de 50 à 100 € ; 2 ou 3 visites durant la première année de la vie de bébé sont en général suffisantes.

Attention
Il y a de fortes probabilités pour que bébé se détende et fasse pipi pendant que vous le massez ! Prenez vos précautions…

SANTÉ

Les bienfaits du massage

Câlinez son bébé, le prendre dans ses bras, l'embrasser, sont des gestes naturels. Le toucher est le premier sens que l'enfant développe, ces contacts sont donc importants pour son développement. Ils enrichissent les liens qui existent entre l'enfant et ses parents en lui procurant un véritable bien-être. En effet, après avoir quitté le nid douillet, chaud et enveloppant de la cavité utérine, le monde extérieur peut lui paraître un peu inquiétant. Se sentir enlacé, cajolé, l'apaisera car cela fait écho aux caresses qu'il a reçues lors de sa vie intra-utérine. Il appréciera ce moment de complicité, plein d'amour et de tendresse qui lui sont communiqués à travers ces gestes empreints de douceur. C'est un véritable échange aux nombreuses vertus, pour le sommeil, l'appétit, la souplesse et même la santé. Masser toutes les parties du corps de bébé lui sera bénéfique et lorsqu'il sera plus âgé, les parents pourront réaliser des gestes du shiatsu (www.ffst.fr).

les sorties

Porter bébé dans un porte-bébé ou une écharpe

Les porte-bébés et les écharpes ont de plus en plus la faveur des jeunes parents. Ils permettent de se déplacer en ayant son enfant proche du corps. Moins encombrants qu'une poussette ou un landau, ils doivent s'adapter à vos besoins et à l'âge de bébé.

① Choisir le bon modèle

Le porte-bébé ventral est déconseillé par certains médecins avant l'âge de 2 ou 3 mois. Ils recommandent d'attendre que l'enfant ait le dos un peu plus musclé et maintienne plus facilement sa tête droite. Tous les porte-bébés sont conçus pour que l'enfant soit tourné vers vous, mais certains permettent aussi d'installer le bébé dans l'autre sens. Ainsi, dos contre vous, il pourra, dès 3-4 mois, regarder le monde. Pour choisir un kangourou, essayez-le avec votre enfant. Pour votre confort, privilégiez les modèles avec de larges bretelles matelassées, de préférence lavables en machine. Côté sécurité, assurez-vous de la solidité des bretelles et des fixations. Le porte-bébé doit être réglable à l'entrejambe pour ajuster l'assise en fonction de l'âge. Il doit comporter un appui-tête rigide qui aide le bébé à tenir sa tête droite, ou une gaine qui le soutient au niveau des épaules. Si vous avez mal au dos, certains kangourous sont équipés d'un soutien lombaire. Mais ne forcez pas, la promenade doit être agréable pour vous aussi ! Entraînez-vous à mettre et à enlever le porte-bébé. Familiarisez-vous avec les systèmes de fixation. Fermez les sangles et les attaches qui doivent être prêtes pour l'installation du bébé. En fonction des modèles, les instructions peuvent être différentes.

② et ③ Installer bébé

Vous pouvez maintenant installer votre bébé. Vérifiez une dernière fois la solidité des sangles et du système de fixation. Mettez votre enfant contre vous. Positionnez-le à la bonne hauteur en le poussant sous les fesses. Ramenez la partie avant du kangourou et fermez-le. Réglez les différentes sangles et bretelles. Votre bébé doit être bien positionné pour que n'ayez pas mal au dos. Vous devez pouvoir lui embrasser le front sans effort. Dans un premier temps, si vous préférez, vous pouvez réaliser ces opérations en position assise. Quand tout est prêt et si le temps l'exige, mettez votre manteau qui vous protégera tous les deux. Au retour, desserrez les sangles, retirez votre bébé et posez-le. Vous pouvez maintenant enlever le kangourou.

Le porte-bébé dorsal

Le porte-bébé dorsal est réservé aux enfants âgés de 9 mois et plus. À partir de cet âge, votre enfant peut se tenir assis assez longtemps pour profiter d'une promenade. Le choix du porte-bébé se fait selon les mêmes modalités que pour le kangourou. Vous devez d'abord installer votre bébé dans le siège, puis régler avec soin les fermetures. Positionnez ensuite l'ensemble sur votre dos et ajustez les bretelles avant de fixer la fermeture ventrale. Comme votre enfant ne peut pas voir votre visage, parlez-lui pour le rassurer durant les premières promenades.

④ L'écharpe

Les écharpes existent sous la forme de hamacs. Elles peuvent être employées jusqu'à l'âge de 24 mois. Certains pédiatres conseillent de ne pas les utiliser avant 2 ou 3 mois. Ces écharpes permettent de porter l'enfant sur le ventre ou sur la hanche, et de le soutenir confortablement durant la tétée. Il est aussi possible d'utiliser une simple pièce de tissu de grande taille pour porter son bébé. Vous trouverez sur le site www.peau-a-peau.be des conseils pour la nouer, tant pour les mamans que pour les papas.

1

2

3

4

Promener bébé en landau ou en poussette

Landau, poussette, combiné, citadine, sportive… l'offre d'équipement est tellement variée qu'elle peut laisser perplexe. Ce moyen de transport doit tout d'abord s'adapter à vos besoins et à ceux de votre enfant.

① et ② Du landau…

Pour les cinq premiers mois, les médecins conseillent d'utiliser un landau. Ce mode de transport préserve le dos de votre bébé, encore peu musclé, et le protège du froid s'il est né en hiver. À côté du landau classique, il existe des systèmes « combinés », comprenant un châssis sur lequel vous pourrez installer successivement un lit-nacelle, un siège-auto avec coque ou un siège de poussette. Autre solution, les poussettes évolutives sont équipées d'un habitacle fixe se transformant en lit ou en siège.
Le choix du modèle dépend de votre rythme et de votre lieu de vie. En ville, les petites roues pivotantes sont pratiques et un châssis haut éloigne votre enfant des pots d'échappement. Pour la campagne, de grandes roues fixes et une bonne suspension assurent au bébé un meilleur confort. Une structure légère en aluminium est indispensable pour les escaliers. Quand à la taille, pliée et dépliée, elle constitue un critère important. Landau et poussette doivent entrer dans le coffre de la voiture ou dans un ascenseur. Vérifiez aussi que les parties en tissu soient lavables, de préférence en machine. L'ensemble doit être confortable pour le bébé, pas trop lourd pour la maman et facilement pliable par une seule personne. N'hésitez pas à effectuer des manipulations dans le magasin pour être sûre de votre achat.
Pour préparer les premières sorties en landau, entourez le matelas d'une alèse, puis installez le drap-housse. Habillez votre enfant en fonction de la saison et déposez-le sur le dos, avant de le recouvrir par un drap et une petite couverture jusqu'aux épaules. Il doit être bien bordé, mais pas trop serré. Fermez la housse et tirez la capote qui le protégera du soleil en été, ou du froid et du vent en hiver.

L'embarras du choix

Depuis quelques années, toutes les poussettes possibles et imaginables sont en vente. Selon vos passions, vos besoins ou vos goûts esthétiques, vous trouverez sûrement votre bonheur (poussettes à quatre roues pivotantes, électriques, design, à accrocher derrière un vélo…). Cependant, faites toujours attention à l'aspect pratique, et veillez à préserver le confort et la sécurité de votre enfant.

③ …à la poussette

À partir de 5 mois, votre enfant peut commencer à se tenir en position assise lors des promenades. Veillez à bien le couvrir, en poussette il est moins protégé que dans un landau. Équipez-le d'un bonnet, de moufles et d'une écharpe en hiver. Au printemps, préférez un bonnet et des chaussettes en coton. Enfin, durant les jours les plus chauds, vous pourrez le laisser bras et jambes nus sous un drap léger. En toute période, s'il y a du vent, protégez-le avec une housse que vous remonterez jusqu'aux épaules. En cas de soleil ou de pluie, rabaissez la capote. Assurez-vous que votre bébé est toujours bien attaché, même pour quelques minutes. Pensez aussi à emporter, en plus du matériel habituel, quelques petits jouets pour le distraire.
Pour les naissances gémellaires ou les enfants d'âge proche, il existe des poussettes doubles. Elles sont proposées sous deux formes : de face ou en file indienne. La première solution permet aux deux enfants d'être côte à côte. La seconde les met soit face à face, soit l'un derrière l'autre. Ces dernières sont plus pratiques en ville (trottoir, porte…).

1

2

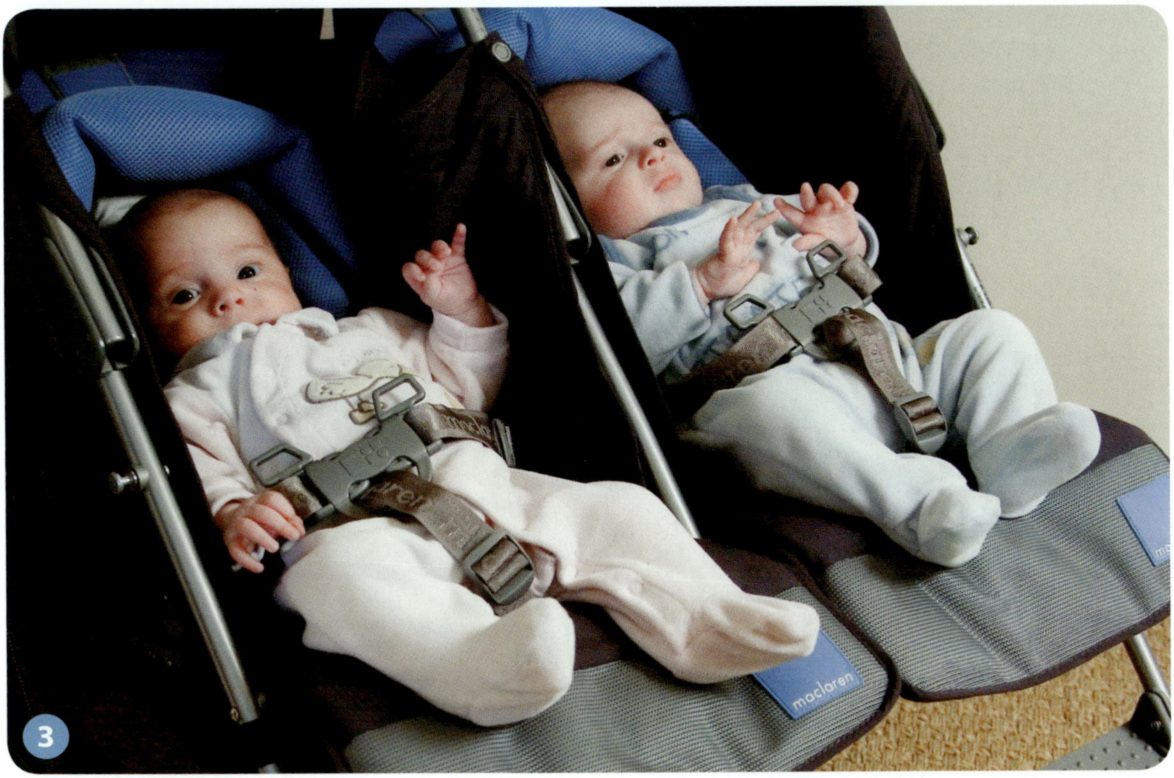

3

Mettre bébé dans un siège-auto

Pour les longs comme pour les courts trajets en voiture, il est nécessaire d'avoir un siège adapté à votre enfant. La sécurité est incontournable, mais il ne faut pas dédaigner le confort. Le but est d'assurer un voyage agréable au bébé et à ses parents.

① Installer le siège-auto

Pour un nouveau-né, les déplacements en voiture se font de préférence en lit-nacelle. Vous pouvez ensuite préférer l'installer dans un siège-auto, positionné dos à la route. Le siège se place sur le siège passager ou sur l'un des sièges arrière. Dans le premier cas, assurez-vous que l'Airbag est bien désactivé. Fixez le siège grâce aux points d'ancrage des ceintures de sécurité et vérifiez que l'ensemble ne bouge pas. Ces sièges existent aussi dans des versions « coques », renforçant la protection de l'enfant en cas de choc.
À partir de 8 ou 9 mois, quand votre enfant est capable de rester assis plus longtemps, vous pouvez opter pour un siège baquet se positionnant face à la route. Il se fixe également sur les points d'ancrage des ceintures de sécurité. Ces différents sièges existent sous la forme de combinés, servant à la fois de poussette ou de landau et de siège-auto. Cet équipement réduit vos dépenses. Mais, par contre, il est nécessaire de l'installer à chaque voyage.

② Bébé sur la route

Installez votre bébé dans le siège, fermez le harnais de sécurité et réglez la hauteur des bretelles. Vérifiez que votre enfant est sanglé fermement, mais confortablement. Le dispositif doit le maintenir au niveau des hanches, pas de l'abdomen. N'oubliez pas d'enlever les objets posés sur la plage arrière ou sur la boîte à gants : en cas de choc, de coup de frein ou de volant, ils pourraient tomber sur le bébé et le blesser. Pour les plus petits, pensez à utiliser un cale-tête (gonflable ou en mousse) ou une serviette de toilette roulée pour atténuer l'effet des cahots. Dès que les beaux jours arrivent, et quel que soit l'âge du bébé, il faut le protéger du soleil. Les solutions peuvent être combinées : crème solaire, pare-soleil sur le pare-brise arrière et sur les vitres latérales. Si vous êtes pris au dépourvu, utilisez une serviette éponge humidifiée coincée par la vitre. La déshydratation est le premier danger en cas de chaleur dans l'habitacle.
La climatisation permet d'atténuer le risque, mais pensez à vous munir d'un brumisateur et donnez à boire régulièrement à votre bébé.
Si c'est possible, ne roulez pas aux heures les plus chaudes, entre 12 et 16 heures. Faites également attention aux fenêtres ouvertes. L'enfant pourrait être exposé à un fort courant d'air, ou être incommodé par la poussière et les insectes. Enfin, veillez à respecter le rythme de votre enfant, ne bousculez pas ses repères. Donnez-lui à manger aux heures habituelles, et arrêtez-vous régulièrement pour aérer la voiture et prendre l'air tous ensemble. Ce sera l'occasion pour certains d'une pause cigarette, car il est totalement déconseillé de fumer dans le véhicule.

Comment installer un lit-nacelle ?

Posez le lit-nacelle sur la banquette arrière, parallèlement au dossier. Fixez-le au niveau des points d'ancrage des ceintures de sécurité. Puis vérifiez que le harnais ou le filet de sécurité (selon les modèles) maintient bien votre bébé. Cette protection évite que l'enfant ne soit éjecté lors d'un choc. Le lit-nacelle reste la solution la plus confortable pour le bébé jusqu'à l'âge de 4 mois. La position couchée préserve son dos et sa nuque qui ne sont pas encore assez musclés. Dans le cas d'un long voyage, ce mode de transport est donc à privilégier.

1

WARNING
2

EN SAVOIR +

Landau, porte-bébé, poussette, que choisir ?

Le choix est à faire en fonction de votre style de vie et de votre lieu d'habitation. Par exemple, les **poussettes à grandes roues** fixes et pneus gonflables sont idéales si vous habitez la campagne, ou si vous devez rouler sur des chemins accidentés, car leur point fort est d'avoir de bonnes suspensions. Mais ces poussettes ne sont guères pratiques en ville par manque de **maniabilité** et parce que leur encombrement n'est pas négligeable (comptez au minimum 350 €). Si votre famille est urbaine, optez plutôt pour une **poussette à roues pivotantes**, légère et pliable. Ce qui est très pratique et se fait beaucoup aujourd'hui est d'acheter un **châssis**, puis d'y adapter le siège pour bébé en fonction de son âge : une **nacelle** (jusqu'à 6 mois), ou une **coque** qui peut aussi servir en voiture (jusqu'à 9 mois), voire un hamac dès que bébé se tiendra assis et jusqu'à ses 2 ou 3 ans (on trouve ces ensembles à partir de 450 €). Quant aux **poussettes à 3 roues** « sport » (qui permettent de faire son jogging avec bébé !), elles ont certes un look branché, mais sont très peu polyvalentes (côté prix, comptez à partir de 150 € et jusqu'à plus de 500 €...). **Les porte-bébés**, eux, ont plein d'avantages, le plus évident étant de maintenir un contact physique avec son enfant. Le **ventral**, ou kangourou, peut s'envisager dès les 2 ou 3 mois de votre enfant. Pour le **dorsal**, il faudra attendre son 6e mois anniversaire, mais bébé sera alors aux anges car il bénéficiera d'une vue panoramique (côté prix, comptez à partir de 50 €) ! Malheureusement un porte-bébé ne peut pas toujours remplacer un « objet roulant » ; il faut donc savoir que c'est un achat supplémentaire. Dans tous les cas, apprenez à manipuler l'engin avant la première sortie et, pour les porte-bébés, vérifiez bien la **solidité** des sangles et des attaches. Attention, évitez les poussettes-cannes avant l'âge de 1 an !

Achats malins

Ce matériel, comme d'autres objets de puériculture, peut s'acheter d'occasion, en magasin de dépôt-vente, sur Internet, etc. (voir page 30).

Matériel

On ne sort pas avec un nouveau-né les mains vides. Sont indispensables dès que vous partez en promenade :

- un sac avec un nombre de **couches** suffisant,
- des **lingettes** pour vous laver les mains avant et après le change, la tétée ou le biberon, etc.,
- quelques « pochons » ou sacs plastiques pour vous débarrasser des couches salles,
- un **biberon** dans un étui isotherme, si vous n'allaitez pas, sans oublier un **bavoir**,
- un pull supplémentaire au cas où, voire une tenue de **rechange** complète si la sortie est prévue longue, avec visites à la famille, etc.,
- une **tétine** et/ou un **petit jouet** qui bouge, qui tinte, accroché à la poussette, pour que bébé ne s'ennuie pas,
- un en-cas solide et liquide pour vous !

EN SAVOIR +

La poussette

Prenez l'habitude de mettre les freins quand vous vous arrêtez et ne laissez jamais votre bébé seul dedans – même s'il dort – pour entrer dans un lieu où vous ne pouvez pas aller avec la poussette.

Que faut-il vérifier avant d'acheter ?

Il existe de nombreux critères à prendre en compte avant de s'équiper d'une poussette, en voici les principaux :

- le poids : il doit être raisonnable et vous devez pouvoir la pousser sans trop d'effort ;
- la maniabilité : pliage et dépliage peuvent s'effectuer d'une seule main et sans que vous ayez à vous baisser ;
- la taille : modèle choisi pour entrer dans le coffre de la voiture, dans l'ascenseur, etc. ;
- les avantages pratiques : le « véhicule » est pourvu d'un panier de rangement – ce qui est pratique – et d'une capote de pluie facile à installer (testez vous-même) ;
- le prix : la gamme de prix est très étendue, inutile donc de prendre le modèle le plus cher, vérifiez juste que le modèle de vos rêves remplit les conditions précédentes.

Et quand on n'a pas envie de sortir ?

Il y a des jours où la promenade est même déconseillée, par exemple s'il fait franchement froid (moins de 5 °C) ou trop chaud (plus de 27 °C), ou s'il tombe des cordes… Et puis il y a les jours où maman est fatiguée, ou a simplement envie de rester à la maison. Il n'y a aucune culpabilité à avoir ; on peut tout à fait rester quelques jours sans sortir son nouveau-né.
Attention, même si vous sortez avec lui, pensez à renouveler l'air de la maison en ouvrant grand les fenêtres (même si c'est peu de temps en saison froide). S'il y a de l'anxiété dans l'air (peur de sortir seule avec un tout-petit), mieux vaut se faire accompagner par un parent, une amie… et garder son portable à portée de main, c'est rassurant !

À partir de quand sortir bébé ? Où l'emmener… et ne pas l'emmener !

On peut sortir bébé de chez lui dès sa deuxième semaine. Une astuce consiste, la veille de la première promenade, à lui faire entendre les bruits de l'extérieur en ouvrant la fenêtre en grand (en pensant à bien le couvrir s'il fait frais ou froid) ; il sera moins surpris le jour J par ce nouvel environnement sonore. La meilleure promenade est bien sûr celle qui se passe dans un espace vert, avec chlorophylle et petits oiseaux ! Jusqu'à l'âge d'un mois, mieux vaut éviter tous les endroits bruyants et aussi susceptibles de brasser beaucoup de microbes : centres commerciaux, métro, brasseries bondées, etc. La promenade n'a pas besoin d'être très longue – 1 heure les toutes premières semaines – mais elle est bienvenue car elle va amener bébé à faire de nouvelles expériences (air frais, sons différents, sensation de déplacement, etc.), qui sont importantes pour son développement sensoriel. En plus, cette sortie favorise son sommeil. À pratiquer donc autant que possible.

pour la maman

Soins des seins

Les crèmes hydratantes, les massages à l'eau froide et le port d'un bon soutien-gorge aident à préserver l'élasticité de la poitrine. Même si une grossesse distend toujours un peu les muscles soutenant les seins, ces quelques gestes quotidiens vous aideront à raffermir le buste et à garder une jolie poitrine.

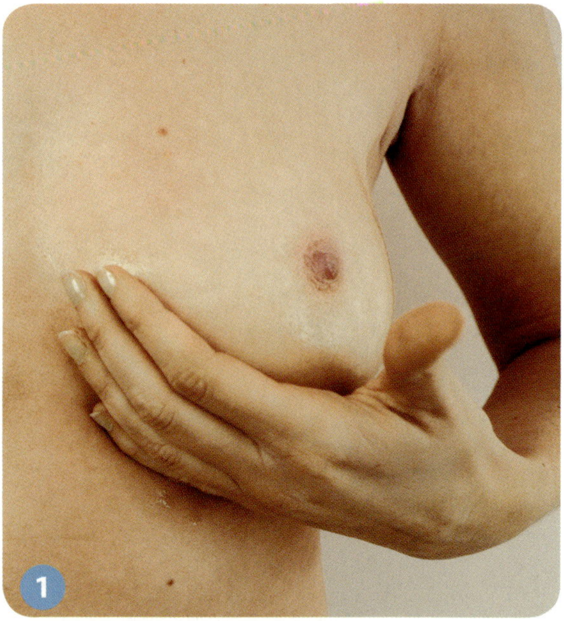

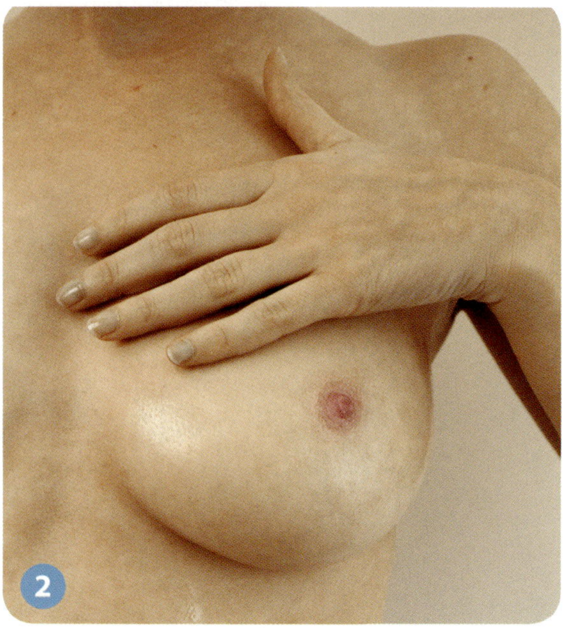

① et ② Masser le buste

Les seins retrouvent en partie leur galbe après le retour des règles. Divers soins favorisent toutefois l'élasticité de la peau. En premier lieu, privilégiez les douches aux bains et, si vous en avez le courage, avant de vous sécher, massez votre poitrine avec un jet d'eau froide. Appliquez ensuite, chaque jour, une crème hydratante ou une crème de beauté pour le buste. Commencez sous le sein ① et, après avoir massé l'ensemble de la poitrine avec la paume ②, remontez jusqu'au cou avec des mouvements circulaires. Pensez également à protéger votre décolleté avec un écran total lors de chaque exposition au soleil. Sachez enfin que la natation favorise le maintien de la poitrine, notamment le dos crawlé que l'on peut pratiquer quatre mois après l'accouchement.

Durant l'allaitement

Si vous allaitez, vous devrez attendre le sevrage pour appliquer une crème sur les seins, son odeur pouvant perturber le bébé. C'est surtout le port d'un soutien-gorge adapté (sans armature) qui aide alors à éviter l'affaissement de la poitrine. N'hésitez pas à le garder jour et nuit. Contrairement aux idées reçues, le fait d'allaiter n'entraîne pas en soi un affaissement des seins. Seuls un allaitement prolongé (au-delà de 6 mois selon certains médecins) et, surtout, les brusques variations de volume ont des effets négatifs sur la silhouette des seins. Un sevrage brutal après la montée de lait dans la semaine qui suit l'accouchement peut aussi être néfaste. Tant pour la maman que pour le bébé, l'arrêt de l'allaitement doit toujours être progressif.

Soins du ventre

Le ventre est l'une des parties du corps le plus malmenées par une grossesse et un accouchement. Il diminue de volume en une dizaine de jours environ, mais il faudra bien plus de temps pour qu'il se raffermisse, voire (re)devienne plat. Ne soyez donc pas trop pressée… Voici quelques conseils valant pour les premiers mois.

Nourrir sa peau

Après la douche, n'hésitez pas à appliquer sur votre ventre une crème à l'élastine ou de l'huile d'amande douce. Commencez par la zone du nombril et descendez en élargissant le mouvement vers les côtés. Si vous avez subi une césarienne, des massages sur la cicatrice à l'huile d'amande douce, appliquée quotidiennement, éviteront la constitution d'adhérences et d'un éventuel petit bourrelet formé par la cicatrice.
Il arrive parfois, lors d'une grossesse, qu'une ligne brune apparaisse sur l'abdomen, allant du nombril au pubis. D'origine hormonale, elle ne nécessite pas de soins particuliers et disparaît en général spontanément au cours des trois mois suivant l'accouchement.

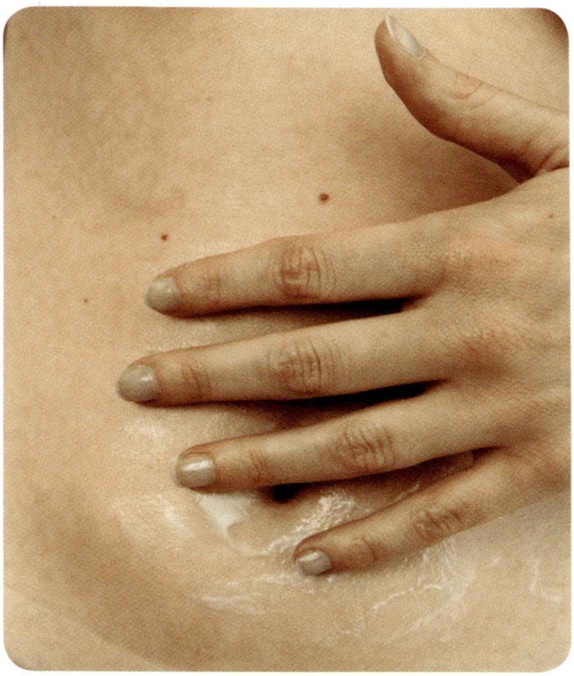

Quelques précautions

Dans les semaines qui suivent l'accouchement, le ventre reste un peu rond et cela est encore plus vrai après une césarienne. Ne soyez pas impatiente et perdez tranquillement les quelques kilos superflus. Commencez par la rééducation du périnée avant d'envisager une rééducation de la sangle abdominale ou la pratique d'exercices abdominaux. Ces exercices ont en effet tendance à entraîner une poussée sur le périnée et à aggraver les petites fuites urinaires ; il est donc nécessaire de savoir maîtriser son périnée avant de remuscler l'abdomen… Certaines activités sont déconseillées durant cette période : monter des escaliers, porter des charges lourdes, effectuer des travaux ménagers exigeant de se baisser, etc. C'est seulement après six à huit semaines que vous pourrez envisager de remodeler votre silhouette en pratiquant une activité physique et en suivant un régime doux (manger de tout mais diminuer les rations).

Atténuer les vergetures

Les vergetures résultent de la rupture de fibres élastiques de l'épiderme, et il n'existe pas de traitement miracle permettant de les éliminer. Il est seulement possible de rendre les stries moins visibles. Certains praticiens des médecines douces conseillent dans ce but l'application de gel à l'arnica ou de beurre de karité. Les dermatologues préconisent une crème à base de vitamine A acide ou, sinon, la microdermabrasion aux cristaux d'alumine. Sachez cependant que les vergetures s'atténueront d'elles-mêmes avec le temps, devenant de plus en plus blanches et fines.

Exercices de remise en forme

Les exercices doux présentés ici peuvent être pratiqués quand les saignements ont cessé. Effectuez-les toujours sans forcer. Ce n'est que dans quelques mois, après la rééducation du périnée, que vous pourrez envisager de vous remuscler.

DOS

① et ② Arrondir le dos

Cet exercice vise à atténuer la cambrure qui s'est accentuée durant la grossesse. En inspirant, ramenez vos jambes repliées vers votre poitrine et maintenez-les avec vos bras. Le bassin bascule, et le bas du dos reste bien à plat ①. Dans un second temps, expirez en rapprochant la tête de vos genoux ②. Cet exercice sera plus bénéfique si vous veillez à votre posture au quotidien. Par exemple, quand le bébé est dans vos bras, n'hésitez pas à maintenir votre dos par des coussins et à surélever légèrement vos pieds avec un petit tabouret.

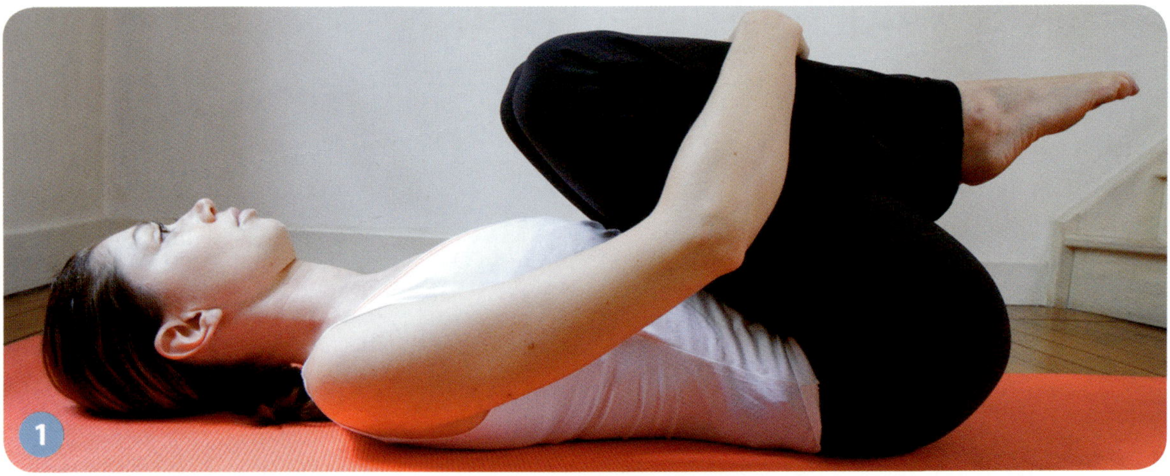

③ et ④ Étirer la colonne

Deux autres exercices vous aideront à assouplir votre dos. Allongez-vous sur un tapis de sol, les bras le long du corps. Pour que ce soit plus confortable, disposez au besoin un coussin sous le bas du dos. Pour le premier exercice ③, placez vos pieds en appui contre le mur, jambes tendues, un peu écartées. Après avoir tourné les paumes des mains vers le ciel, soulevez légèrement le bassin en contractant les fesses et l'abdomen. Pour le second exercice ④, placez les paumes contre le sol et rapprochez vos jambes. Tirez alors vos hanches vers le haut, jambes tendues, le corps devant être le plus droit possible des épaules à la plante des pieds. Revenez ensuite à la position de départ en basculant le bassin. Pour les deux exercices, n'oubliez pas d'inspirer lorsque vous vous soulevez, et d'expirer en revenant au sol. Au début, vous pouvez vous contenter d'effectuer ces mouvements trois ou quatre fois. Vous allongerez la durée de l'exercice si vous avez le sentiment qu'il vous fait du bien.

PÉRINÉE

① et ② En position assise

Il est conseillé de commencer assez vite une rééducation du périnée chez vous, avant de suivre les séances qui vous ont été prescrites. En effet, le fait de le faire travailler précocement facilite la circulation sanguine et accélère la récupération des tissus musculaires. Les exercices suivants visent à préparer ces séances mais ne les remplacent pas. Il est possible de les effectuer dès que les saignements ont cessé et que la zone de l'épisiotomie est cicatrisée et indolore. Pour le premier exercice, écartez légèrement les jambes et posez les mains sur la face interne des genoux. Dans cette position, contractez le périnée en expirant et en pressant vos genoux contre vos mains. Si vous avez du mal à localiser le périnée, faites comme si vous reteniez une forte envie d'uriner (mais sans serrer les muscles fessiers). Pour le deuxième exercice, jambes rapprochées, contractez le périnée en essayant de desserrer vos genoux.

③ et ④ En position allongée

Allongez-vous sur un tapis de sol, les deux jambes surélevées sur une table basse ou sur un tabouret. Détendez-vous et, en expirant, tournez le genou droit vers l'extérieur, sans déplacer le pied. Ramenez ensuite lentement la jambe dans sa position initiale en contractant le périnée. Relâchez et recommencez avec l'autre jambe. Comme précédemment, veillez à ne pas contracter la zone abdominale, les fesses ou les cuisses. Quand vous maîtriserez bien ces exercices, vous pourrez contracter le périnée sans prendre de position particulière.

ABDOMINAUX ET POITRINE

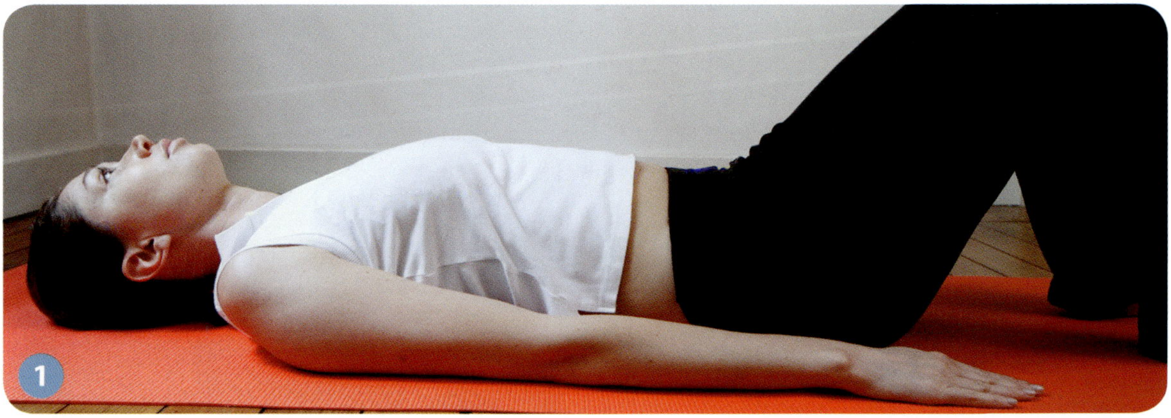

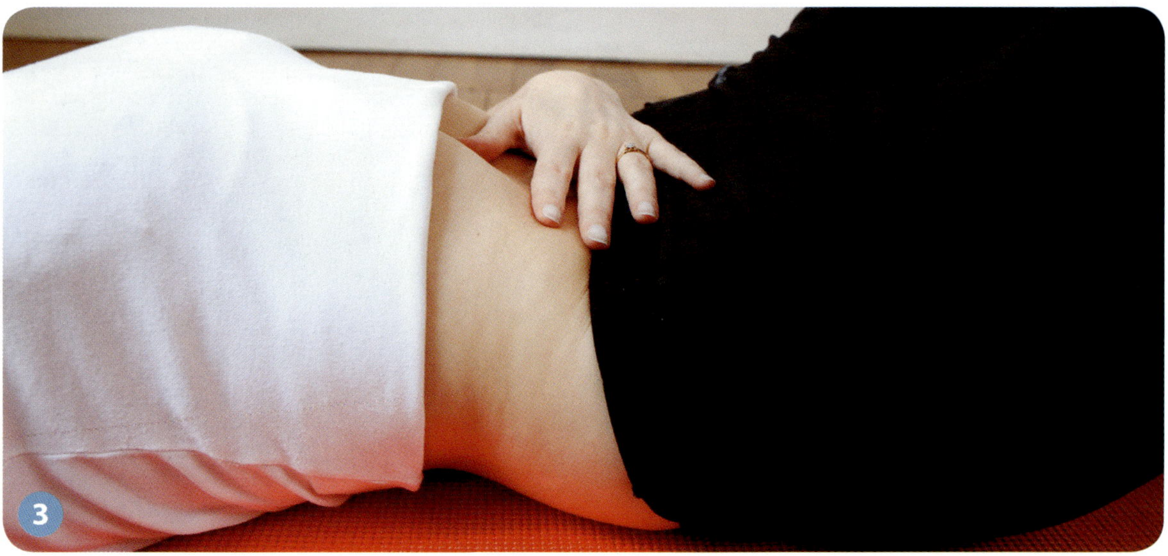

① ② et ③ Raffermir le ventre

Après un accouchement, votre ventre doit être ménagé. C'est pour cette raison, entre autres, que l'on conseille de ne pas porter de charges lourdes (excédant le poids du bébé) et, surtout, de ne pas courir durant les deux mois suivant la naissance. Tous les muscles de l'abdomen ont été distendus, et il faut environ six semaines pour qu'ils se resserrent d'eux-mêmes. Dès que vous vous sentez bien, vous pouvez toutefois envisager quelques exercices très doux. Allongée sur un tapis de sol, les genoux fléchis et les pieds à plat, inspirez profondément ①, puis expirez en rentrant le nombril et en contractant légèrement les abdominaux ②. Dans la mesure du possible, essayez de maintenir le bas du dos à plat, en cherchant à réduire la cambrure lors de l'expiration. Pour bien sentir le mouvement, vous pouvez poser une main sur votre ventre ③. Même si vous pratiquiez la gymnastique avant la grossesse, il est encore trop tôt pour des exercices de musculation abdominale plus poussés. Pour ce faire, il convient d'attendre la fin de la rééducation périnéale ; les médecins déconseillent de forcer sur l'abdomen avant que le périnée soit fortifié.

4

④ Tonifier la poitrine

Certains exercices permettent de tonifier les seins après une grossesse. Celui-ci est très simple. Asseyez-vous en tailleur, les fesses un peu surélevées par un coussin, le dos bien droit. Étendez les bras devant vous, dans l'alignement des épaules. Réunissez ensuite vos mains à hauteur du sternum et appuyez-les l'une contre l'autre en expirant. Relâchez la pression et recommencez une dizaine de fois. Le reste du corps reste immobile. Si vous en avez le courage, vous pouvez compléter l'exercice par une douche fraîche en effectuant de petits mouvements circulaires avec le jet d'eau sortant du pommeau de la douche pour masser les seins.

Les activités physiques à éviter

La remise en forme après un accouchement est progressive. Il est en général possible de marcher un peu et de nager sans forcer dès que l'on en a envie. Le cyclisme, le tennis et la natation sportive, en revanche, sont proscrits pendant les quatre premiers mois, la course à pied, le jogging pendant six mois, et la corde à sauter, le trampoline sont définitivement déconseillés. Certains exercices de gymnastique sont bénéfiques quand la rééducation du périnée est achevée. D'autres restent contre-indiqués bien plus longtemps : les ciseaux, le pédalage, la chandelle et tout ce qui nécessite de lever les deux jambes en même temps à partir de la position allongée… N'hésitez pas à demander conseil à votre kinésithérapeute ou à une personne spécialisée dans une salle de sport.

EN SAVOIR +

Savoir se reposer, récupérer

De retour à la maison avec bébé, il faut arriver à ne pas en faire de trop, savoir **se ménager** et ainsi récupérer. Par exemple, pendant les 2-3 premières semaines (voire plus, à chacune d'écouter les réactions de son corps), il est déconseillé d'effectuer certaines tâches ménagères, comme passer l'aspirateur, porter des choses lourdes, faire un lit à fond, etc. D'une façon générale, il faut se rappeler que **certaines zones du corps restent fragiles**, comme **le périnée** (plancher musculaire du petit bassin), mais aussi **le ventre**, **le dos** et toutes les zones qui ont été soumises à une forte pression durant la grossesse. Il est normal de **se sentir fatiguée** et un peu vidée de son énergie après la naissance d'un bébé. Laissez-vous du temps, suivez ces quelques conseils et tout rentrera dans l'ordre petit à petit, naturellement.

Et les médecines douces !

Pensez aussi aux coups de pouce que peuvent vous procurer les médecines douces : l'acupuncture, l'ostéopathie, l'homéopathie, la phytothérapie...

Séjour en thalasso ?

De plus en plus de centres proposent des **cures post-natales** ; on peut y venir seule, en couple, et aussi accompagnée de son bébé, puisque des soins peuvent être pris en commun. Pour profiter pleinement de ces cures, mieux vaut attendre 3 ou 4 mois après l'accouchement (si vous allaitez, il faudra attendre que bébé soit sevré). Les **bienfaits physiques et psychiques** de ces cures sont évidents (massages, enveloppement d'algues, douches au jet, aquagym, bébé nageur…), mais le séjour a un **coût** : difficile de trouver un forfait à moins de 800 € et ce, **sans hébergement**. Deux sites pour en savoir plus, celui de l'office de tourisme de France : www.franceguide.com et celui d'un des leaders du genre : www.thalazur.fr

CÔTÉ PSY

Il est interdit de culpabiliser !

Vous avez tendance à culpabiliser facilement ? Cette période est parfois difficile à vivre, physiquement et psychologiquement, c'est normal. Ne culpabilisez pas si vous vous sentez fatiguée, débordée, à plat. Faites-vous aider au maximum par votre compagnon, vos amis, votre famille et, si vous en avez la possibilité, par une aide-ménagère ; n'hésitez pas à vous faire livrer les courses à domicile (cela ne coûte pas plus cher en général). Si vous vous sentez débordée, n'attendez pas d'être à bout pour vous faire aider par des professionnels et notamment par un soutien psychologique.

EN SAVOIR +

Attention à la fièvre

Aujourd'hui les complications post-natales sont rares. Raison de plus pour prendre votre température dès que vous avez l'impression d'être fébrile. La fièvre est en effet le meilleur indicateur d'une infection potentielle. À surveiller aussi, des douleurs qui surviendraient au niveau du ventre (surtout si elles sont associées à des pertes de sang), des jambes ou des seins. Dans ces cas-là, il faut consulter.

La rééducation du périnée

Le périnée est formé d'un ensemble de muscles du vagin et de la vulve. C'est souvent la zone du corps qui a été le plus malmenée à la naissance de bébé. Il peut en résulter des fuites urinaires, et une moins bonne contraction du vagin (ressentie lors des rapports amoureux). Aujourd'hui une « rééducation » de ce plancher musculaire est proposée couramment. Vous pouvez la commencer en douceur chez vous, puis faire des séances de rééducation avec un kinésithérapeute, une sage-femme ou un médecin. Ces séances sont remboursées par la Sécurité sociale.

Quand refaire du sport ?

Vous ne serez sans doute pas pressée dans les premières semaines ! Cependant, même si tout effort physique important est vraiment déconseillé avant 2 mois, vous pouvez d'ores et déjà commencer par la rééducation du périnée, puis doucement par quelques abdos, ou des exercices pour le dos comme ceux indiqués dans cet ouvrage (voir pages 94 à 99). Vous pouvez aussi marcher tout simplement ou aller à la piscine. Pour reprendre une véritable activité sportive, il vous faudra patienter entre 4 et 6 mois. Quant au jogging, mieux vaut le « zapper » pendant un an…

Pallier le manque de sommeil

C'est pour toutes les jeunes mamans de retour de maternité le maître problème ! Entre les tétées et les pleurs de bébé, les nuits semblent ne plus guère exister pendant quelque temps… Le mieux est d'essayer de récupérer dans la journée, justement quand votre enfant dort, ou même de vous caler sur ses horaires à lui. Pour y arriver, il faut que vos journées soient relativement tranquilles. Reportez les tâches ménagères qui peuvent attendre, ne sautez pas de repas, mais optez pour du surgelé ou des plats rapides à préparer, ou faites-vous aider pendant cette période qui ne durera qu'un temps. N'hésitez pas non plus à repousser les visites de proches et d'amis si vous vous sentez fatiguée ; mieux vaut les recevoir un peu plus tard, mais mieux disposée ; ou bien mettez-les à contribution pour vous soulager un peu !

Comment ménager son dos ?

Il faut continuer à ménager votre dos et ce, pour encore plusieurs mois. Pensez à adopter ces réflexes simples et efficaces :

- lorsque vous vous baissez, pliez les genoux plutôt que de vous pencher en avant ;
- si vous allaitez, il vous faut trouver une position qui ne génère pas de tensions dans le dos, les épaules, la nuque ou les bras ;
- si vous portez votre enfant en kangourou, positionnez-le à la bonne hauteur, vous devez pouvoir embrasser le haut de sa tête sans pencher tout le buste ;
- vérifiez que vous ne sortez pas « moulue » des opérations de change, de bains, de câlins au moment du coucher, etc., avec bébé. Sinon, revoyez votre installation et veillez à la bonne hauteur de la table à langer pour éviter de vous baisser ;
- pour soulager votre dos lorsque vous vous reposez, évitez de vous mettre sur le ventre (d'ailleurs cela risque de vous faire mal, cette zone étant encore sensible), allongez-vous sur le côté, la jambe du dessus repliée et posée sur un coussin.

Une journée avec bébé

Pour vivre le plus sereinement possible les premiers jours de retour à la maison avec bébé, mieux vaut avoir une bonne organisation. Voici quelques conseils pour faire face à ce nouveau quotidien… tout en ménageant ses forces !

La journée type

On l'a vu, l'essentiel de la vie d'un nouveau-né se passe à dormir, mais rarement plus de trois heures d'affilée, au moins jusqu'à 1 mois ! Si bébé se réveille souvent, c'est surtout pour se nourrir, car il a besoin de s'alimenter régulièrement tant que ses réserves ne sont pas suffisantes, et ce, 24 heures sur 24. Le mieux, pour les premières semaines, est donc de se caler sur le rythme sommeil-tétée de votre enfant. Par exemple, après la première tétée du matin, se rendormir avec lui augmentera votre dose de sommeil quotidienne, car vos nuits seront forcément hachées. Profitez du moment de la journée où vous avez un peu récupéré (fin de matinée, début d'après-midi) et entre 2 réveils de votre enfant pour assurer le strict minimum des tâches ménagères, le changer (6 fois par jour en moyenne durant les premiers mois), préparer le bain, les biberons, etc. De même pour la promenade, choisissez la bonne heure pour vous et pour lui. C'est de cette façon que vous en profiterez le mieux tous les deux. La fin de journée est logiquement réservée au bain ou aux soins de toilette, et à un retour au calme pour préparer « la nuit ». C'est aussi le plus souvent en fin de journée qu'on peut compter sur une aide extérieure (mari, parents) ; pensez-y pour votre organisation au quotidien.

Et la nuit ?

Les tétées de nuit se passent dans une atmosphère naturellement plus feutrée. Efforcez-vous de souligner cette différence avec le jour : lumière basse, silence nocturne, câlin plus bref… Vous aiderez de cette façon votre enfant à faire la différence entre le jour et la nuit.

Le rythme des tétées

Jusqu'à 1 mois, le nouveau-né a besoin de boire six fois par jour (c'est-à-dire par 24 h), parfois plus si vous l'allaitez. C'est lui qui fixe l'heure ! Il faut juste que vous respectiez un minimum de 2 heures entre chaque repas. À l'inverse, ne laissez pas dormir un tout-petit plus de 5 ou 6 heures sans le nourrir. Mais il faut

La quantité de lait absorbée par bébé varie selon les moments et les tétées, ce qui est tout à fait normal.

savoir que, jusqu'à 1 mois, les horaires de tétée ne sont pas réguliers. Entre 1 et 2 mois, votre bébé se réveillera moins souvent et le nombre de tétées s'espacera, et, surtout, celles de la nuit se décaleront sur le matin. Un enfant de plus de 4 kg peut en principe dormir entre 6 et 8 heures sans manger. C'est entre 2 et 3 mois que vous pourrez imposer un rythme régulier à votre bébé en lui donnant des repères : les mêmes heures de sortie, du bain…

La difficulté des premières semaines

La majorité des parents ont besoin d'un temps d'adaptation avant de pouvoir s'occuper de leur bébé avec un franc plaisir. C'est tout à fait normal. Le quotidien est prenant, fatiguant, voire angoissant, et face à ce bébé si dépendant et tellement vulnérable, on peut avoir peur de mal faire. Si vous ressentez un réel besoin d'être soutenue et aidée, ne vous le cachez pas. Peut-être qu'un parent plus expérimenté peut vous rassurer, ou vous guider ? Si ce n'est pas le cas, ou si vous ne souhaitez pas faire appel à un membre de votre famille, ne culpabilisez pas et parlez-en à votre pédiatre. Il saura vous conseiller et vous orienter vers des personnes qualifiées.

N'hésitez pas à sortir régulièrement sans votre enfant. Le fait de ne pas rester tout le temps face à face avec lui évite de se polariser sur des détails. Si vous n'arrivez pas à confier votre bébé à quelqu'un d'autre, profitez du moment où le papa est à la maison.

Et avec des jumeaux ?

Les mamans de jumeaux préconisent toutes la même chose : mieux vaut « caler » les deux bébés ensemble sous peine de se compliquer sérieusement le quotidien ! Cela dit, il faut avoir des face-à-face avec chacun d'eux et alterner la tétée en premier à tour de rôle. Il faut avoir le courage de parler et de supporter les pleurs de celui qui doit attendre, il va s'habituer progressivement à patienter. En clair, l'heure de la tétée sera la même pour les jumeaux, ainsi que l'heure du change à la suite, le moment du rot, du sommeil, etc. En revanche, le bain sera donné en alternance : à chacun « son soir » à tour de rôle. Se retrouver avec deux bébés à la maison n'allant tout de même pas de soi, une bonne idée est que le papa prenne son congé parental dès votre retour à la maison. Il est inutile de faire pareil pour les deux bébés et il faut souvent répondre plus à celui qui en a le plus besoin. Quand il y a deux enfants et deux parents, les choses s'équilibrent mieux… Il y a aussi une association qui peut vous apporter une aide précieuse en matière de conseils et aussi de façon pratique (livraison de lait et de couches, par exemple) : la Fédération Jumeaux et Plus (www.jumeaux-et-plus.fr).

Que faire si le bébé pleure ?

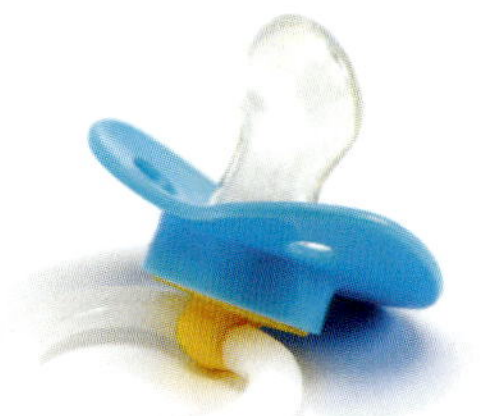

Un bébé pleure souvent et beaucoup. Ne vous en alarmez pas, c'est normal ; c'est son seul moyen de communiquer pour obtenir une réponse à ses besoins.

N'écoutez pas ceux qui vous disent qu'un bébé prend de mauvaises habitudes quand les parents répondent systématiquement à ses pleurs. Durant les premiers mois, il est totalement dépendant de vous et a un grand besoin d'être dorloté. Plus vous lui répondrez, plus il se sentira rassuré et pourra se séparer de vous par la suite.

Durant les premières semaines

Les premiers temps (jusqu'à 2 mois), il vous sera difficile de bien comprendre la raison des pleurs de votre petit. Pour autant, sachez qu'un nouveau-né ne pleure pas sans motif et encore moins par caprice. Les cris et les pleurs sont pour lui un langage, et à travers ce langage, il exprime soit un besoin, soit un inconfort physique. Si la raison d'une crise de larmes ne vous apparaît pas clairement, acceptez de ne pas comprendre, mais répondez-lui et agissez : la première chose que bébé exprime, c'est qu'il a besoin de vous. Sauf s'il s'agit de pleurs d'endormissement, un nourrisson ne se calmera pas tout seul. Dans tous les cas, venez à lui, parlez-lui, prenez-le dans vos bras et n'hésitez pas à l'alimenter à la demande, peu importe qu'il ait vraiment faim ou pas. Très souvent, c'est suffisant pour le rassurer et le calmer. Un nouveau-né est perdu sans repères et vous êtes son principal « port d'attache ».

Reconnaître ses pleurs

Petit à petit, vous allez apprendre à reconnaître les pleurs de votre bébé, tout simplement en l'écoutant et en l'observant au quotidien : que veut-il montrer, que cherche-t-il à vous dire ? Les plaintes ont très souvent les mêmes origines : la faim, les difficultés à émettre un rot ou une selle, le froid ou le chaud, une couche sale, un bruit inconnu, un nez obstrué, la fatigue… En deux mois, vous allez apprendre à mieux vous connaître mutuellement : vous serez plus sûre de vous en le comprenant mieux, et lui modulera ses réactions en fonction des vôtres.

Les pleurs du soir

Durant les premières semaines, il est fréquent que bébé ait une « crise de pleurs » en fin de journée, le soir ou en début de nuit. Il pleure de manière intense, se tortille, montre les signes d'un profond malaise. On a longtemps cru que ces pleurs du soir correspondaient à l'angoisse de la tombée de la nuit. Aujourd'hui, beaucoup de pédiatres pensent que ces pleurs correspondent plutôt à une sorte de décharge émotionnelle de fin de journée. Pour autant, le moment peut être éprouvant pour vous, les pleurs pouvant se prolonger parfois près de deux heures. Pour tenter de calmer bébé, il y a plusieurs solutions : tétée, câlins, bain s'il aime l'eau, mobile musical… Si rien ne marche, ne sollicitez pas trop votre enfant et laissez-le faire, tout en restant à proximité. Acceptez l'idée que ces pleurs sont normaux, que votre enfant se « défoule » de sa journée et que la situation est plus angoissante pour vous que pour lui ! N'hésitez pas à profiter de l'arrivée du père pour vous décharger sur lui, souvent il arrivera à calmer bébé plus facilement. Enfin, sachez que cette « crise du soir » disparaît entre 2 et 3 mois.

Et s'il était malade ?

Dans ce cas, aux pleurs sont associés d'autres troubles du comportement ; une perturbation du sommeil, un manque d'appétit, la disparition des sourires et des gazouillis doivent vous alerter d'autant plus s'ils sont associés à de réels symptômes comme une diarrhée, de la fièvre, des vomissements, une toux, des difficultés respiratoires… Tout comportement inhabituel prolongé doit vous pousser à demander conseil à votre pédiatre, y compris si votre enfant pleure de façon continue, sans pouvoir s'arrêter et cela, quoi que vous fassiez.

Bébé peut aussi vous appeler parce qu'il a mal, mais les pleurs de douleur sont aisément identifiables, ils sont généralement plus aigus que les pleurs « habituels ».

Les pleurs d'endormissement et les réveils nocturnes

Il est courant que les pleurs d'un bébé, surtout prolongés, soient insupportables. Pourtant il est très rare que les pleurs d'un nouveau-né expriment une douleur. Si vous ne parvenez pas à relativiser, demandez au papa de prendre le relais. Les pères ont parfois un pouvoir apaisant que les mamans n'ont pas ! Si vous n'arrivez pas à faire face, il est important de vérifier si votre bébé n'a pas de problème médical en consultant le pédiatre ; n'hésitez pas à vous faire aider par lui, voire par un psychologue en cas de difficultés majeures. Quelques entretiens peuvent suffire à trouver les moyens de calmer le jeu.

Si, dès qu'il a quitté vos bras, ou dès qu'il est posé dans son lit pour dormir, votre bébé se met à pleurer, ne réagissez pas immédiatement et laissez-lui un peu de temps pour trouver le sommeil ; certains enfants pleurent un peu pour s'endormir. Si les pleurs s'intensifient, ne le prenez pas encore tout de suite dans vos bras, mais posez une main sur son ventre ou sur sa poitrine, et parlez doucement ou chantonnez une berceuse. Tous ces conseils valent pour les réveils nocturnes, car il ne faut pas laisser pleurer un bébé sous prétexte qu'il va comprendre (quoi de plus désagréable que de se trouver seul et de pleurer sans avoir de réponse dans la nuit ?). Après vous être assuré que bébé n'a pas trop chaud, qu'il est propre, et que rien ne le gêne, parlez-lui doucement, faites lui sentir que vous êtes là, que vous vous occupez de lui, qu'il peut se rassurer ; donnez-lui l'occasion de se rendormir tout seul, avant de le prendre dans vos bras, de le bercer, etc. Vous contribuerez ainsi à le rendre autonome plus vite.

Le suivi médical

Entre les consultations pour un petit problème de santé et les visites de contrôle régulières, vous serez amenée à voir souvent le médecin lors de la première année de vie du bébé. C'est donc le moment de trouver le « bon » pédiatre, celui que vous aurez envie de garder jusqu'à l'adolescence…

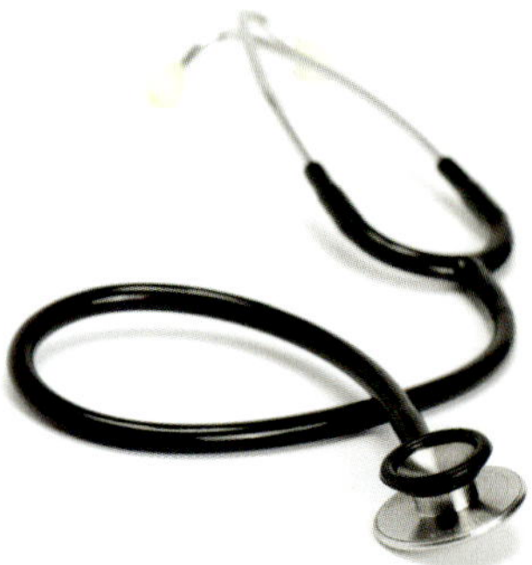

Des consultations régulières

Peu après la naissance, votre bébé a bénéficié d'un examen médical complet. Il est toutefois conseillé de consulter une nouvelle fois un pédiatre dans les quinze jours suivant le retour de la maternité, puis une fois par mois jusqu'à l'âge de 6 mois. Sauf cas particulier, une consultation par trimestre sera ensuite suffisante. Ce suivi médical permet avant tout de vérifier qu'aucune anomalie ne gêne la croissance et le développement de l'enfant. Le plus souvent, tout va pour le mieux, et ce rendez-vous est surtout l'occasion de poser toutes les questions qui surgissent au quotidien. Une relation de confiance et une certaine affinité avec le médecin sont donc essentielles.

Choisir son pédiatre

Un pédiatre est un médecin spécialiste de l'enfance qui exerce en secteur libéral, en hôpital ou dans un centre de protection maternelle infantile (PMI). Pour le choisir, demandez conseil à vos proches ou au personnel de la maternité.

• Si vous résidez en ville, vous tiendrez compte de différents critères : la distance du cabinet médical (importante en cas d'urgence), les tarifs, la disponibilité du praticien (conseils téléphoniques, consultations le samedi, visites à domicile, etc.).

• En zone rurale, où le choix est plus limité, il sera parfois plus commode de s'adresser à un généraliste habitué à recevoir des tout-petits, en se fiant au « bouche-à-oreille ».

Pour éviter la peur du médecin

Pour que la visite médicale se passe au mieux, vous pouvez expliquer à votre bébé ce qui va se passer et lui faire sentir, par votre calme, qu'il n'a aucune raison d'avoir peur. Comme en d'autres circonstances, votre enfant manifestera toutefois son mécontentement si les gestes manquent de douceur, s'il a froid et, à plus forte raison, s'il a mal. Les prises de sang ou les vaccinations restent ainsi des moments délicats. Il existe toutefois des pommades anesthésiantes adaptées aux tout-petits (EMLA). Appliquées une heure avant le geste, elles évitent la douleur et la peur des piqûres. N'hésitez pas à en parler à votre pédiatre lors d'une consultation précédant la vaccination, car ces produits ne sont vendus que sur ordonnance.

Lors de la première consultation, l'important est que vous vous sentiez à l'aise, que vous ayez le temps de parler, et que la relation entre le bébé et le médecin semble bonne. N'hésitez pas à chercher un autre praticien si ce n'est pas le cas.

Le carnet de santé

À la sortie de la maternité, vous avez reçu un carnet de santé au nom du bébé. Prenez-le avec vous lors de chaque consultation, afin que le médecin note diverses informations : la taille, le poids, le périmètre crânien, les vaccinations, les éventuelles prescriptions (médicaments, vitamines), etc. Ce livret constituera la mémoire médicale de votre enfant. Il vous sera demandé en de nombreuses occasions : si vous changez de médecin, en cas d'hospitalisation, lors de la scolarité ou de séjours en colonies de vacances, etc. Par précaution, il est conseillé de noter sur ce carnet vos coordonnées et celles du médecin traitant. Vous pouvez également ajouter les numéros utiles, comme le service des urgences pédiatriques de l'hôpital le plus proche. Si votre enfant connaît des problèmes de santé, il est important de laisser ce livret à la personne qui le garde.

Même s'il est en parfaite santé, un bébé doit être pesé et mesuré chaque mois jusqu'à l'âge de 6 mois, puis tous les 2 ou 3 mois par la suite.

Le tableau des vaccinations

Un seul vaccin est obligatoire en France. Il s'agit du DTCP, qui prémunit l'enfant à la fois contre la diphtérie, le tétanos, la coqueluche et la poliomyélite. Il est nommé DTCaP-HIB lorsqu'il est associé au vaccin contre l'*Hæmophilus* b (bactérie provoquant des otites et des méningites). Dans les deux cas, ce vaccin s'effectue en trois injections (piqûres), qui ont lieu respectivement à l'âge de 2 mois, 3 mois et 4 mois, avec un premier rappel à 18 mois.
Actuellement la vaccination contre la méningite à pneumocoque est largement préconisée (PRÉVENAR) en même temps que le vaccin pentavalent. Il existe également un vaccin contre les diarrhées à rotavirus, qui est conseillé pour les bébés en collectivité et qui se donne par la bouche en 2 fois à 1 mois d'intervalle. Obligatoire jusqu'en juillet 2007, le BCG (contre la tuberculose), possible à partir de 1 mois, est désormais facultatif. Mais il reste préconisé, entre autres, pour tous les enfants résidant en Île-de-France ou en Guyane. Votre médecin saura vous conseiller. Il est également recommandé de vacciner l'enfant d'une part contre l'hépatite B (première injection entre 4 et 6 mois), le vaccin étant plus efficace si on l'effectue tôt, et, d'autre part, contre la rougeole, les oreillons et la rubéole (ROR) à l'âge de 9 mois s'il va en collectivité, et sinon à 12 mois.

En cas d'urgence

Les urgences médicales chez les tout-petits sont toujours très angoissantes. Voici quelques conseils pour les reconnaître et savoir y faire face.

Que faire en cas de :

• **Brûlure :** quelle que soit la cause (liquide bouillant, contact avec un produit chimique, flamme de bougie), laissez couler de l'eau fraîche d'une hauteur de 15 cm sur la peau brûlée pendant au moins 5 minutes. Si la brûlure est légère et si vous avez une pommade adéquate (comme la biafine), appliquez-en généreusement, puis protégez la plaie avec une compresse stérile. Ne retirez jamais un vêtement qui colle à la peau, et s'il y a des cloques, ne cherchez pas à les percer. En cas de doute sur la gravité de la plaie, consultez votre médecin ou rendez-vous directement aux urgences ou dans un centre spécialisé (pensez à noter le numéro d'un service pour brûlés dans vos numéros d'urgence).

• **Hémorragie :** les saignements par plaie sont consécutifs à des chutes qui n'auront lieu qu'à partir du moment où votre bébé va se déplacer, soit à partir de 6 mois, par contre, un bébé peut avoir du sang dans les vomissements ou dans les selles, auquel cas il faut impérativement demander l'avis du pédiatre. Il peut également avoir de petits saignements de nez : dans ce cas, il faut mettre une mèche de coton pour faire hémostase. Après la chute du cordon, il peut aussi se produire de petits saignements : il suffit de bien comprimer la zone avec une compresse pour les arrêter.

• **Asphyxie :** si la gorge est obstruée par un objet, que le bébé ne peut plus respirer, ou s'il devient bleu, appelez immédiatement le 15. En attendant, pour tenter d'expulser l'objet, il est inutile de le mettre à l'envers et de le secouer, essayez de garder votre sang-froid, prenez votre bébé contre vous en position verticale le dos contre votre poitrine et appuyez fort, par pressions successives sur l'estomac, de bas en haut. En cas de nécessité vitale, si le bébé est inconscient, vous pouvez tenter un bouche-à-bouche (même s'il est conseillé de maîtriser la technique auparavant) : appliquez votre bouche sur celle du bébé en pinçant ses narines et soufflez toutes les 2 secondes.

• **Chutes, fractures, luxations :** après une chute, si votre bébé est en état de choc (pâleur, respiration rapide, état amorphe), ou s'il a perdu connaissance, appelez le 15. S'il pleure, s'il est simplement pâle, qu'il ne saigne pas et qu'il peut bouger ses 4 membres, tout va bien. Assurez-vous alors qu'il bouge ses membres et, en cas de doute, n'hésitez pas à

N'abusez pas des urgences à l'hôpital !

Ne vous précipitez à l'hôpital que s'il s'agit d'une réelle urgence, car les risques de mettre votre bébé en contact avec un environnement très chargé en microbes, dans les salles d'attente de ces services, sont réels ! Et votre enfant peut alors attraper une maladie qu'il n'avait pas en entrant ! En cas de doute, commencez par appeler votre pédiatre, ou un médecin de garde (même au SAMU), qui jugera de la nécessité ou non d'emmener votre tout-petit dans un centre hospitalier.

aller aux urgences. En cas d'hématome, appuyez avec un glaçon ou appliquez de l'arnica en pommade. Enfin, s'il y a eu un grand choc au niveau du dos ou du cou et que votre enfant semble sidéré (il voit sans comprendre ce qui se passe et ne réagit pas), ne le bougez surtout pas, et parlez-lui en attendant les secours.

- **Intoxication :** en cas d'ingestion ou de contact avec un produit toxique, ne cherchez pas à faire vomir votre enfant, ne lui donnez rien à boire et contactez au plus vite le centre antipoison dont vous dépendez. Si vous vous déplacez dans un hôpital, pensez à amener le produit (ou sa fiche) avec lequel s'est intoxiqué votre bébé.

Quelle que soit l'urgence, souvenez-vous que votre bébé est très réceptif à tout ce qui l'entoure. Si vous paniquez, si vous vous affolez (vous ou votre entourage), il le ressentira et se sentira d'autant plus mal. Restez le plus calme possible, respirez, ne précipitez pas vos gestes, ne haussez pas le ton de votre voix : on peut faire très vite sans se précipiter. Et soyez rassurant avec votre enfant, parlez-lui calmement, expliquez-lui que vous vous occupez de lui, câlinez-le...

Il y a vraiment urgence quand :

- votre tout-petit a une fièvre persistante isolée (plus de 48 h) supérieure à 38 °C, ou une fièvre qui s'associe à un mauvais état général ; avant deux mois, la fièvre impose un bilan en milieu hospitalier pour éliminer une infection néonatale grave ;
- votre bébé a une diarrhée très importante avec des selles très fréquentes et vous avez l'impression qu'il se vide ;
- votre enfant a du mal à respirer et il refuse de manger, il est apathique, ou au contraire très excité ;
- des vomissements empêchent toute absorption de liquide, ce qui peut provoquer une déshydratation rapide chez le tout-petit.

Les numéros d'urgence

Faites-vous une fiche ou un post-it que vous aurez toujours bien en vue dans un endroit sûr avec les numéros d'urgence ; cela vous évitera de perdre du temps ou de vous énerver à un moment où vous êtes déjà anxieuse. Vous pouvez aussi les mémoriser sur votre téléphone fixe ou mobile ; mais dans la précipitation, la lecture est quelquefois moins facile…

- le 15, le SAMU
- le 18, les pompiers
- le n° du pédiatre ou du médecin traitant
- le n° du centre antipoison de votre ville ou de votre département
- le n° d'un service pour brûlés
- le n° d'urgence de garde médicale de nuit ou de week-end (type SOS médecins) de votre ville ou de votre département.

Enfin, repérez l'hôpital le plus proche de chez vous assurant un service d'urgences, 24 heures sur 24.

Le développement du bébé

Les premiers mois de la vie sont très intenses : découverte de l'environnement, apprentissage de la communication, mise en place de nouvelles capacités corporelles… votre bébé se développe prodigieusement vite !

Des sens déjà performants

Excepté la vue, les sens se développent déjà dans le ventre maternel. Dans les jours suivant la naissance, les plus performants sont le toucher, l'odorat et le goût. Un nouveau-né perçoit même mieux les odeurs qu'un nourrisson de 5 ou 6 mois. Il entend assez bien, reconnaît vite la voix de ses parents, et réagit différemment selon qu'on lui parle sur un ton tendre ou agressif. L'ouïe ne parviendra toutefois à maturité que vers 4 mois, quand l'enfant saura reproduire certains sons, comme le rire. Les capacités visuelles, elles, évoluent encore plus lentement. Dans les premières semaines, la perception d'autrui se limite à des contours plus ou moins flous, à une alternance de zones brillantes ou sombres. Elle deviendra plus précise semaine après semaine, la capacité à distinguer des couleurs apparaissant vers 4 mois. Il faudra attendre environ l'âge de 1 an pour que la vision de l'enfant se rapproche de celle d'un adulte.

Une multitude de sensations

L'univers d'un bébé est fait d'une multitude de sensations. Certaines viennent de son corps, et d'autres, de son environnement, sans que cette distinction signifie quoi que ce soit pour lui. Les gargouillis dans son estomac, le contact du drap, la voix qui lui parle ne représentent qu'un mélange de perceptions agréables et désagréables. Il les reçoit de manière brute, sans les interpréter. Il ressent, il ne comprend pas. Seule la répétition des mêmes expériences, jour après jour, lui permettra progressivement de relier un objet ou une situation à telle ou telle sensation (par exemple, le sein maternel et l'odeur du lait au plaisir de la tétée). Il faudra

La croissance

La taille et le poids varient selon chaque individu, et donc selon chaque bébé. Seule importe la régularité de la croissance. Lors du suivi médical (voir page 106), le pédiatre vérifie surtout que la taille et le poids évoluent régulièrement, sans connaître de ralentissement durable, ni d'augmentation brutale. De façon générale, un bébé double son poids entre la naissance et l'âge de 6 mois. Quant à la taille, elle s'accroît en moyenne de 2 à 3 cm par mois jusqu'à 3 mois, puis de 1,5 à 2 cm par mois jusqu'à 6 mois.

toutefois des mois pour que ce qui l'entoure prenne peu à peu du sens. Dans ce monde mystérieux, ses seuls repères sont ses parents, et, au début, particulièrement sa mère. Dès les premiers jours, le bébé manifeste avec force à quel point il a besoin de contacts, dans tous les sens du terme (voir aussi page 112).

Si le bébé détourne la tête lorsque vous cherchez son regard, n'insistez pas, il est temps pour lui de se reposer...

Le langage du bébé

Le bébé communique dans un premier temps par les pleurs, qui marquent son mal-être (voir p. 104). Mais très vite, il réagit aussi par le regard ou les mouvements du corps lors de témoignages d'attention. Il tire la langue si on la lui tire, il ébauche parfois un sourire, il peut soutenir un regard pendant quelques instants après la tétée. Plus ses périodes d'éveil s'allongent, plus ces moments d'échanges se multiplient et s'enrichissent. Vers 2 ou 3 mois, le visage est de plus en plus expressif, et les sourires s'accompagnent de gazouillis. Même s'il ne commence à saisir le sens des principaux mots qu'à partir de 6 mois, le bébé perçoit déjà l'intention qui les motive et répond à sa façon. Désormais, il gesticule quand il est content, son corps devenant chaque jour plus tonique.

L'évolution motrice

Vers 3 mois, le bébé commence à découvrir ses mains, les observe et joue avec. Bientôt, vous pourrez lui proposer hochets et autres jouets.

Passé 3 mois, les progrès physiques de votre bébé ne cesseront de vous étonner. Il gigote davantage sur la table à langer, il sait s'arquebouter, tendre ses membres. Déjà, il commence à basculer sur le côté quand il est sur le dos, cherchant à se retourner. Lorsqu'il est assis sur vos genoux, il maintient mieux sa tête droite. Vers 6 mois, malgré quelques problèmes d'équilibre, il pourra demeurer plus longtemps dans cette position, à condition que son dos soit bien soutenu. Puis, avant 1 an, il découvrira comment passer tout seul de la position couchée à la position assise. Il commencera aussi à se déplacer, en rampant, à « quatre pattes » ou selon sa propre technique. Un jour, il voudra se redresser… L'activité motrice de votre bébé va s'affiner au fil des mois : il va apprendre à coordonner ses mouvements et à contrôler l'ensemble de son corps. L'environnement joue aussi un rôle important pour sa motricité, d'où l'importance pour lui que vous soyez attentive à ses progrès ; mais tout cet apprentissage est naturel et se fera au rythme de votre enfant, selon son développement physiologique et sans qu'il y ait besoin d'incitations particulières.

Tisser des relations affectives

Les liens affectifs avec un nouveau-né sont essentiels. Même s'ils vont généralement de soi, il vous faudra peut-être les construire. Pour vous comme pour le papa…

Bébé a un besoin fondamental de contacts

C'est votre bébé qui va vous pousser à l'aimer sans réserve ! Totalement dépendant de vous, il va manifester de toutes les manières possibles à quel point vous lui êtes indispensable. Votre enfant a un besoin vital de contacts physiques et psychiques avec vous : être contre vous, écouter votre voix, sentir votre odeur. Un nouveau-né doit se sentir aimé, c'est aussi important pour lui que le lait que vous lui donnez. C'est dans son attachement à vous que votre enfant va trouver, petit à petit, suffisamment de confiance en lui pour devenir autonome. C'est quand bébé est calme (période d'éveil tranquille, voir page 58), les yeux grands ouverts, et qu'il respire calmement, qu'il est le plus ouvert à l'échange. Repérez ce moment et répondez à son attente en vous manifestant à chaque fois par des paroles, des sourires, des câlins…

Répondre aux moments de détresse

Même si une « pulsion d'attachement » rend toutes les mères instinctivement réceptives aux demandes de leur nouveau-né, il n'est pas toujours facile d'en décoder les signes. Le plus important pour vous est de réagir aux moments de détresse. Chaque fois que vous répondrez aux appels de votre bébé, chaque fois qu'il trouvera le réconfort dans vos bras, vous ne satisferez pas seulement un de ses besoins immédiats, vous lui ferez prendre conscience qu'il ne crie pas « dans le vide », qu'il peut compter sur vous et que son mal-être ne va pas durer. Cela vous permettra de vous sentir compétente et d'avoir plus confiance en vous.

Il vous imite

Dès la 4e semaine, bébé est capable de jouer avec des signaux comme le regard, le sourire et les expressions faciales. À partir de la 6e semaine, il cherchera à vous imiter en tirant la langue, en ouvrant et en fermant la bouche, puis en se lançant dans des vocalises pas toujours très ressemblantes !

La place du père

S'appuyer l'un sur l'autre, c'est ce qu'il faut faire, lorsqu'on est deux. Cela vaut pour le papa comme pour la maman. Dès que l'un en ressent le besoin, il doit passer le relais à l'autre pour souffler un peu.

En quelques décennies, le rôle du père a complètement changé. Aujourd'hui, les jeunes papas sont souvent très impliqués dès la naissance du bébé et s'attellent aussi bien aux tâches du quotidien (courses, change, promenades…) qu'à l'éveil affectif et psychomoteur du tout-petit. Les hommes sont généralement très fiers de devenir pères, même si leur quotidien en est bouleversé… Dans ces premiers mois, le rôle du père est primordial, car il va contribuer à construire et à maintenir un environnement sécurisant et stable pour votre bébé et vous. Le père est aussi un acteur essentiel de la nouvelle famille en train de se construire. Il peut apaiser des tensions (lors des réveils, des pleurs du soir, par exemple), et permet au bébé d'éprouver d'autres sensations au contact de ce second parent. Sa présence vous sera d'un grand secours : vous pourrez vous appuyer sur lui et sortir de votre « bulle » du post-partum en évitant de sombrer dans le doute et l'épuisement.

Chacun sa place

Une relation de famille équilibrée implique que chacun ait son mot à dire. Durant les premières semaines, chaque couple doit apprendre à gérer ce nouveau « coparentage ». Les petits conflits sont inévitables ; on les résout en discutant et en trouvant des solutions à deux. Cela n'est pas toujours simple à gérer, mais votre enfant a besoin de repères et pas de parents qui se disputent. De même, les frères et sœurs ne doivent pas se comporter en « parent » avec bébé.

Maman en solo

À l'impossible, nul n'est tenu ! Vous ne pourrez pas être constamment en phase avec votre bébé. Ne vous inquiétez pas, ces moments « d'incompréhension » entre vous n'ont pas d'incidence sur votre relation affective !

Mamans seules, pas question de culpabiliser. Les premiers mois, un enfant a surtout besoin d'amour et de tendresse et vous saurez parfaitement combler cette demande. En revanche, pédiatres et pédopsychiatres s'accordent aujourd'hui sur le fait qu'un papa est « idéal » pour tempérer la relation fusionnelle qui unit la maman à son bébé durant ces premières semaines. Mais une autre personne proche peut jouer ce rôle ; de plus, cette « séparation » se fera naturellement au bout de quelques mois, notamment à la fin de votre congé de maternité, lorsque vous reprendrez votre travail, et que vous confierez votre enfant à une tierce personne. Enfin, plus tard, il sera important que le mot « papa » ne devienne pas tabou entre votre enfant et vous. Mais vous avez le temps de vous préparer à cette échéance…
Un numéro utile : Paris Parent seul. Tél. : 0 810 10 75 75 (prix d'un appel local).

La sécurité au quotidien

Même si votre bébé ne se déplace pas encore et n'essaie pas d'attraper tout ce qui est autour de lui, un accident est vite arrivé. Voici quelques conseils pour garantir sa sécurité.

À la maison

Dans sa chambre

Pour décorer la chambre de bébé, vous pouvez vous faire plaisir, mais pour choisir son lit, pensez sécurité et confort avant tout.

- Choisissez un matelas ferme, bien épais, sans creux ni bosse et pas trop grand pour que bébé ne s'y sente pas perdu.
- Veillez à ce que le matelas s'adapte parfaitement aux mesures du berceau ou du lit, afin qu'il n'y ait aucun espace autour.
- Recouvrez-le d'une alèse en coton, plutôt que d'une alèse en plastique qui est plus chaude et fait transpirer, et d'un drap-housse, eux aussi bien ajustés au matelas.
- Achetez plutôt un lit neuf, vous serez ainsi sûre qu'il réponde aux normes de sécurité actuelles (voir encadré ci-dessous sur la norme NF).
- S'il s'agit d'un modèle ancien, vérifiez que l'écartement des barreaux ne dépasse pas 65 mm et qu'ils ne sont pas trop bas, avec un risque de chute. Assurez-vous aussi qu'il est stable et qu'il ne peut pas basculer avec le bébé.
- S'il s'agit d'un lit à barreaux, installez en tête un tour de lit pour éviter que le bébé ne se cogne.

Si vous avez besoin d'être rassurée et que votre logement est vaste, mettez un interphone dans la chambre du bébé. Cela vous permettra d'être avertie au moindre pleur.

Ce qu'il ne faut pas faire

- Ne placez pas d'étagères au-dessus du lit, des objets pourraient tomber et blesser votre enfant.
- Ne placez pas le lit à proximité d'une source de chaleur ni des fenêtres.
- Ne mettez pas de couette, ni de couverture, ni d'oreiller dans son lit (voir page 59).
- Évitez également d'envahir le lit avec des peluches ou des hochets.

La norme NF

Avant d'acheter du matériel de puériculture ou même des jouets, vérifiez qu'ils sont certifiés NF. Ce logo garantit en effet que le produit a été testé et qu'il répond aux normes de confort et de sécurité de la marque NF. Le marquage CE n'offre pas la même garantie, car même si le fabricant s'engage à respecter certaines normes, elles ne sont pas soumises à des contôles systématiques de la part de chaque pays de l'Union européenne.

- Renoncez à la moquette et aux tapis dans la chambre de bébé en cas de tendance allergique dans la famille.

Attention ! Ne laissez jamais un bébé seul à la maison, même s'il dort à poings fermés.

Dans la salle de bains

- La table à langer ou la commode à langer sont conseillées, car elles permettent aux mamans d'être à l'aise et de ménager leur dos. Placez-la de préférence contre un mur ou en angle, pour limiter au maximum les côtés où le bébé pourrait basculer.
- Si vous utilisez un matelas à langer, veillez à ce qu'il ne soit pas sur une surface glissante.
- Lorsque vous changez votre bébé, gardez toujours une main sur lui, car en quelques secondes il peut se retourner et tomber. Veillez à avoir les produits dont vous avez besoin sous la main.
- Veillez à ce qu'il n'y ait pas d'appareil électrique branché à côté de la baignoire (ou du lavabo) : attention au sèche-cheveux, au rasoir électrique ou à la radio. (À noter : les prises électriques doivent se situer à plus de 60 cm des arrivées d'eau.)

En voiture

La première règle à respecter est la prudence au volant, plus que jamais à l'ordre du jour. Mais les conseils suivants sont aussi très importants.

- Assurez-vous toujours que votre bébé est bien attaché avant de démarrer. N'oubliez pas non plus de mettre votre ceinture !
- Veillez à ce que votre bébé soit confortablement installé ; si besoin, utilisez un cale-tête (en mousse ou gonflable), sinon une serviette éponge roulée.
- Ne fumez pas en voiture, même avec la fenêtre ouverte, lorsque votre enfant s'y trouve.
- N'ouvrez pas les fenêtres en grand quand vous roulez, votre bébé serait en plein courant d'air. De plus, il pourrait recevoir des insectes, des poussières…
- Ne laissez jamais votre enfant seul dans la voiture, même pour une course de quelques minutes.

N'hésitez pas à mettre un autocollant « Attention bébé à bord » pour signaler aux autres automobilistes que vous transportez un bébé. Cela les incitera peut-être à faire attention…

Pour un long trajet

- Évitez de partir aux heures où il y a un risque d'embouteillage.
- Ne faites pas de longs trajets en cas de forte chaleur si votre véhicule n'est pas climatisé.
- Arrêtez-vous régulièrement pour nourrir votre bébé, le changer et pour vous reposer.
- Prévoyez un pare-soleil pour mettre sur le pare-brise arrière ou sur les vitres arrière et protéger votre bébé du soleil. Si vous n'en avez pas, calez une serviette en haut de la vitre, si possible de couleur sombre et humide.

Prendre soin de soi

Bébé accapare toute votre attention ? Ne vous oubliez pas malgré tout et prenez le temps de vous réconcilier avec votre image. S'occuper de soi, c'est bon pour le moral…

Les soins après une épisiotomie

Si vous avez eu une épisiotomie, vous devez continuer votre toilette intime de retour à la maison, comme vous l'avez fait à la maternité, sans oublier de sécher à chaque fois la cicatrice avec un linge propre. N'oubliez pas de vous laver les mains soigneusement avant pour prévenir tout risque d'infection. Si vous avez toujours un peu mal, surtout en position assise, vous pouvez appliquer sur la cicatrice un gant contenant de la glace. Si des douleurs persistent au-delà de 15 jours, mieux vaut consulter votre médecin.

Les soins après une césarienne

Si vous avez accouché par césarienne, la cicatrice peut suinter quelques jours si l'on a utilisé des fils non résorbables, même après que l'on vous a retiré fils ou agrafes. Il faut la nettoyer avec de l'eau tiède et un savon antiseptique doux, puis la recouvrir avec un pansement sec pendant quelques jours. Le bourrelet formé par les fils ou les points de suture s'amenuisera avec le temps. Pour aider la cicatrisation, vous pouvez le masser doucement chaque jour avec de l'huile d'amande douce, en faisant des petits mouvements circulaires. Si une zone de peau vous paraît insensible en bordure de la cicatrice, ne vous en inquiétez pas, c'est normal. La peau retrouvera petit à petit sa sensibilité initiale… cela peut prendre plusieurs mois, ou bien vous vous habituerez à cette petite différence !

Constipation et hémorroïdes

Ces phénomènes sont assez fréquents après l'accouchement. Pour y remédier, utilisez des suppositoires à la glycérine pour déclencher les selles, et des produits locaux qui soulagent les poussées hémorroïdaires (en pharmacie).

Retrouver la ligne

Une grossesse modifie de façon plus ou moins visible la silhouette. Si vous éprouvez le besoin de vous reprendre en main sur le plan esthétique, faites-le en douceur, surtout en ce qui concerne votre poids. Les régimes drastiques ne sont absolument pas d'actualité, d'autant que vous avez besoin de toutes vos forces pour vous occuper de votre enfant ! Rassurez-vous, vous avez déjà perdu 6 kg à la maternité ; le temps que l'utérus retrouve sa taille initiale et vous serez débarrassée de 2 à 3 kg supplémentaires. Reste 4 à 5 kg « en trop » ; pour les perdre, la meilleure recette reste de manger varié et équilibré, en surveillant ses apports caloriques. Quelques rappels :

- ne sautez pas de repas et préférez 4 petites collations (le goûter, c'est bien) à deux repas plantureux ;
- mangez de tout comme durant la grossesse (viande, poisson, œufs, produits laitiers, légumes verts, fruits et féculents) ;
- choisissez plutôt des produits laitiers allégés ;
- privilégiez les cuissons vapeur, en papillote ;
- buvez beaucoup d'eau ;
- évitez les sucres rapides (gâteaux, sodas, barres chocolatées), les chips, les pizzas, la nourriture de fast-food, les plats riches en graisse.

Les petits plats tout prêts et qu'on peut réchauffer au micro-ondes, c'est bien pratique ! Mais lisez bien les étiquettes à la rubrique « calories » avant de les choisir, car certains sont très diététiques, d'autres au contraire très riches... *Vous pouvez aussi les préparer vous-même à l'avance.*

Retrouver une belle poitrine

Après la fin de l'allaitement, vos seins vous sembleront modifiés, ils seront souvent moins toniques et parfois plus petits. Ils retrouveront un peu de leur galbe avec la réapparition du cycle hormonal. Pour retrouver une bonne tonicité musculaire, suivez les conseils de massage à l'eau froide ou avec des crèmes donnés p. 92. Faites aussi des exercices pour raffermir votre poitrine (voir p. 99).

Ne vous impatientez pas pour vos kilos superflus ! *Vous avez mis 9 mois à grossir, il vous faudra aussi quelques mois pour retrouver votre poids « d'avant ».*

Prendre soin de ses cheveux…

Pendant la grossesse, vous aviez une belle chevelure, due, en fait, à des modifications hormonales. Et voilà qu'à présent vous perdez vos cheveux en grande quantité. En fait, il s'agit d'un simple phénomène de compensation, tout à fait transitoire. Malgré tout, il y a des gestes simples qui peuvent aider votre chevelure à retrouver tout son éclat :

- allez vous faire couper les cheveux chez le coiffeur (pour les fortifier) ;
- massez-vous doucement chaque jour le cuir chevelu durant quelques minutes (pour améliorer l'irrigation) ;
- adoptez une supplémentation en levure de bière (pour donner de l'éclat aux cheveux).

Mais si les cheveux continuent à tomber après plusieurs mois, consultez votre médecin ou un dermatologue.

Faire face aux difficultés

Baby blues, fatigue, baisse de la libido ? L'après-bébé génère son lot de difficultés, voici quelques conseils pour mieux y faire face.

Le baby blues

Ce coup de déprime survient généralement 3 ou 4 jours après l'accouchement. Cafard, pleurs incontrôlés, anxiété sont fréquents et très courants. Mais pour certaines mamans, cette déprime se prolonge de retour à la maison et peut durer plusieurs semaines. Si c'est votre cas, soyez franche avec vous-même, car le baby blues se transforme parfois en dépression postnatale.

Le baby blues ne signifie pas que « vous ne tenez pas le coup ». Cette déprime passagère serait en partie due à une baisse brutale d'hormones après l'accouchement.

Les signes qui doivent vous alerter :

- vous vous sentez triste ou irritée en permanence ;
- vous occuper du bébé et/ou de vous, vous pèse de plus en plus ;
- vous pleurez souvent ;
- vous n'avez plus d'appétit ou vous mangez sans cesse.

N'hésitez pas à faire le point avec vos proches et, si besoin, consultez sans attendre. Votre médecin saura vous aider ou vous orienter.

Faire face à la fatigue

La fatigue peut être intense dans les premières semaines ; c'est normal, votre corps a besoin de récupérer et il subit encore des transformations (baisse des sécrétions hormonales, reprise du cycle, retour du volume de l'utérus à la normale…) . Vous pouvez légitimement vous considérer en convalescence. Pour vous aider, pensez en premier lieu à dormir le plus possible dans la journée en vous calant sur votre bébé, puisque vos nuits seront perturbées. Ensuite, surveillez votre alimentation : ne sautez pas de repas, mangez de tout, et forcez sur les produits frais, les aliments riches en fer (poissons, fruits de mer, œufs, fruits

Et l'anémie ?

L'anémie est fréquente après l'accouchement et contribue aux sensations d'épuisement. Elle provient d'une carence en fer et en acide folique. On peut les trouver dans son alimentation, mais des supplémentations médicamenteuses sont aussi possibles. Parlez-en à votre médecin.

secs) et en acide folique (épinards, amandes, avocats, choux), car des carences sont fréquentes après une grossesse. N'oubliez pas non plus de vous aérer ; le mieux est une marche tranquille (quelques minutes suffisent), sans bébé et dans un endroit « vert ». Enfin, pensez à boire beaucoup d'eau.

Refaire l'amour

Beaucoup de femmes refont l'amour plus tôt qu'elles ne le souhaiteraient pour ne pas faire languir trop longtemps leur compagnon. Parlez tous les deux de vos appréhensions à vous : peut-être souhaitez-vous éviter la pénétration pour le moment et privilégier des caresses ? La « première fois » après bébé, le vagin peut être encore un peu douloureux, c'est normal ; demandez à votre compagnon d'être particulièrement doux. Une sécheresse vaginale temporaire est également possible, pensez alors au gel lubrifiant. Enfin, le plaisir ne revient pas forcément tout de suite, ne vous inquiétez pas, tout devrait rentrer dans l'ordre petit à petit, notamment après la rééducation périnéale.

Si vous éprouvez des douleurs persistantes lors de rapports sexuels, 2 ou 3 mois après l'accouchement, mieux vaut consulter votre gynécologue.

Trouver de l'aide grâce à Internet

Comme vous serez beaucoup à la maison ces premières semaines, pourquoi ne pas vous rapprocher des autres en utilisant le net ? Il existe quantité de forums où vous pourrez discuter, échanger des photos, des conseils, vous rassurer… Par exemple, les forums ciblés du site marchand Vertbaudet (www.vertbaudet.fr) ou celui de l'émission de France 5, Les maternelles (www.forums.france5.fr/lesmaternelles), ou encore celui de Au féminin (www.aufeminin.com). Si vous cherchez des sites davantage orientés sur des questions de santé, allez voir sur Doctissimo (www.doctissimo.fr) ou un site de pédiatres (www.pediatres.online.fr). Enfin, c'est peut-être l'occasion idéale pour ouvrir votre blog et confier à la toile toutes vos impressions et vos difficultés sur ce moment pas comme les autres. L'écriture thérapie, ça marche ! En principe, votre fournisseur d'accès doit vous offrir ce service, sinon vous pouvez ouvrir votre blog sur le fameux myspace (www.myspace.com) ou sur infobebes (www.infosbebe.com), entre autres.

Ne vous polarisez pas sur tout ce que vous n'arrivez pas à faire, et pensez à vous reposer avant tout. Mieux vaut négliger un peu sa maison ou du courrier en retard que de finir épuisée en quelques semaines !

Maternité et travail

Si la joie d'avoir un enfant est immense, les questions administratives n'en sont pas moins nombreuses. Qu'il s'agisse du premier enfant ou d'un nouveau venu dans la fratrie, il est important de connaître vos droits et vos obligations.

Le congé maternité

Toutes les mamans ont droit à un congé, mais sa durée dépend de plusieurs critères. Si c'est votre 1er ou votre 2e enfant, vous bénéficiez de 16 semaines, dont 6 avant la date prévue pour l'accouchement, et si vous attendez le 3e enfant, vous avez droit à 26 semaines de congé dont 8 avant l'accouchement. Vous avez toutefois la possibilité de reporter jusqu'à 3 semaines (au maximum) de congé prénatal. Mais il est possible que vous ayez des jumeaux ou même des triplés ! Dans ce cas, le congé est rallongé : 36 semaines pour des jumeaux (12 avant l'accouchement), 46 semaines au-delà (24 avant l'accouchement). D'autre part, si vous êtes malade en fin de grossesse ou à la suite de l'accouchement, votre congé maternité peut être augmenté sur avis médical de 2 semaines au maximum avant et de 4 semaines au maximum après. Durant toute la période de congé, vous percevrez des indemnités journalières de repos par votre caisse de Sécurité sociale, parfois complétées par l'employeur.

Les salariés sont tenus de prévenir leur employeur à l'avance pour la prise de congés et de donner la date de retour prévue.

Le congé paternité

Depuis 2002, les 3 jours de congés payés pour le papa à la naissance ont été complétés par un congé plus long : 11 jours consécutifs (non fractionnables) ou 18 jours en cas de grossesse multiple. Ce congé peut être pris immédiatement ou dans un délai de 4 mois et ils peuvent s'ajouter aux RTT. Il est bon que le papa profite de ce congé pour construire une relation privilégiée avec bébé en partageant avec lui ces instants précieux.

La déclaration de naissance

Il est obligatoire de déclarer bébé à la mairie dans les 3 jours qui suivent sa naissance. La déclaration est établie gratuitement par un officier d'état civil et peut être faite par toute personne ayant assisté à l'accouchement, munie du certificat de naissance et du livret de famille. Passé le délai, seul un jugement de tribunal peut permettre d'établir un acte de naissance : c'est plus long et plus coûteux, donc à éviter !

Mais il est aussi important de discuter ensemble pour savoir quel est le meilleur moment pour prendre ce congé. Au tout début, surtout si vous allaitez, la relation que vous entretenez avec bébé peut mettre le papa à l'écart et, plus tard, il pourrait avoir l'impression d'avoir « raté » quelque chose car l'enfant est déjà plus éveillé. Sachez aussi que votre compagnon pourra ainsi vous soulager à un moment où vous êtes fatiguée.

Le congé parental

Si votre enfant est gravement malade, handicapé ou accidenté, vous pouvez prendre un congé de présence parentale, mais la demande devra être assortie d'un certificat médical.

Le papa ou la maman peut prendre un congé parental ou travailler à temps partiel. La durée est de 1 an, renouvelable 2 fois, à prendre entre la fin du congé maternité et le 3e anniversaire de votre enfant. Il faudra alors prévenir votre employeur par lettre recommandée avec accusé de réception 1 mois avant le début du congé parental. Sachez toutefois que vous ne serez pas rémunéré(e) durant cette période, sauf si c'est votre 2e enfant. Dans le cadre d'un temps partiel, votre salaire sera réduit proportionnellement à votre temps de travail. Lorsque votre congé sera terminé, vous reprendrez votre emploi ou un emploi similaire avec une rémunération équivalente à celle que vous aviez avant, à moins que vous ne décidiez de démissionner pour élever votre enfant. Mais prenez bien le temps de peser le pour et le contre !

Aides financières

Selon vos ressources, vous pouvez bénéficier de la prestation d'accueil du jeune enfant (PAJE), qui comprend :

- une prime à la naissance après déclaration de votre grossesse à votre caisse primaire d'assurance et à votre caisse d'allocations familiales dans les 14 premières semaines ;
- un complément de libre choix du mode de garde si vous optez pour une garde à domicile ou une assistante maternelle agréée (voir dossier suivant sur les modes de garde) ;
- un complément de libre choix d'activité si vous interrompez entièrement ou partiellement votre travail, auquel les deux parents peuvent bénéficier ;
- une allocation de parent isolé si vous êtes seule et que vous assumez entièrement la charge d'un bébé ;
- une allocation de présence parentale si votre enfant présente un état de santé nécessitant des soins continus et la présence d'un parent, non compatible avec le versement d'autres allocations (chômage, retraite…) ;
- une aide au logement, soit l'aide personnalisée au logement (APL), soit l'allocation logement familiale (ALF).

Pour toute information supplémentaire, renseignez-vous auprès de votre Caisse d'allocations familiales.

D'autre part, quelle que soit votre situation financière, si vous avez au moins 2 enfants de moins de 20 ans, vous pouvez bénéficier des allocations familiales.

Les modes de garde

Choisir un mode de garde en fonction de sa situation (horaires, finances…) est une décision qui ne se prend pas à la légère, car vous devez avoir confiance en la ou les personnes qui gardent votre bébé. Petit tour d'horizon des possibilités qui s'offrent à vous.

Bébé reste à la maison

Pour garder bébé, vous pouvez faire appel à une assistante maternelle à domicile. Avec elle, vous définissez les horaires, les repas, la rémunération, éventuellement les tâches qu'elle aura à accomplir. Il faut que votre enfant se sente à l'aise avec cette personne et inversement, d'où la nécessité de choisir quelqu'un sur qui vous pouvez compter. Pour trouver « la bonne assistante », il faudra peut-être plusieurs entretiens durant lesquels vous poserez les questions qui vous semblent essentielles. L'intérêt est de laisser bébé s'épanouir dans son environnement, mais ce mode de garde est le plus coûteux (malgré les aides).

La garde partagée, avec l'enfant d'un voisin par exemple, peut représenter une solution plus économique pour les parents.

Si vous n'avez pas besoin de faire garder votre enfant plus de 5 heures par jour, vous pouvez engager une jeune fille au pair, mais il faut pouvoir l'accueillir dans votre logement et la réglementation est assez stricte ; adressez-vous à l'Accueil familial des Jeunes étrangers (AFJE) ou à l'Alliance française (www.alliancefr.org).

Les bonnes adresses du net

- www.caf.fr : pour connaître les aides financières dont vous pouvez bénéficier.
- www.agence-nourices.com : des CV d'assistantes maternelles, de baby-sitters, etc.
- www.paris.fr (portail solidarités rubrique familles et petite enfance) : le service de protection maternelle et infantile (PMI) pour aider les parents et leurs enfants.
- www.fepem.fr : pour recruter une assistante maternelle, des informations fournies par la fédération nationale des particuliers employeurs (FEPEM).

Bébé avec 1 ou 2 autres enfants

En petit groupe, deux possibilités : l'assistante maternelle agréée ou la crèche familiale. L'assistante maternelle garde 2 ou 3 enfants chez elle, il faut donc que son domicile vous convienne, car c'est là que bébé va passer ses journées. Si vous inscrivez votre enfant dans une crèche familiale, vous serez aussi en relation avec des assistantes maternelles, mais il y a plus d'échanges avec les enfants lors de certaines activités qui se déroulent à la crèche. Les relations affectives sont favorisées entre le bébé et la personne qui le garde ainsi qu'avec les autres enfants. Bon à savoir : les places en crèche familiale sont rares, mais les horaires sont assez souples.

Bébé en collectivité

Si vous optez pour la crèche collective ou la crèche parentale, votre enfant sera entouré d'autres enfants qui vont influencer ses relations sociales. Bébé va participer à des activités variées (peintures, jeux originaux, visites…), mais vous devez être attentive aux horaires proposés qui sont souvent restreints, et si votre enfant est malade, vous ne pouvez pas le laisser à la crèche. Les crèches parentales ont été créées par des associations de parents : en inscrivant votre enfant, vous vous engagez à participer à l'organisation de la crèche, notamment en étant présente 1/2 journée par semaine.

Il y a 1 place pour 4 demandes à la crèche : mieux vaut donc prévoir à l'avance et connaître les autres solutions qui existent.

Garder bébé ponctuellement

La halte-garderie est une possibilité pour les parents qui ne s'absentent que quelques heures ou qui travaillent à mi-temps. Elle présente l'avantage de n'avoir à verser qu'une participation horaire, mais vous devez préciser à quels moments vous déposez votre enfant et, s'il mange sur place, c'est à vous de prévoir son repas. Si vos absences sont irrégulières (dîner entre amis, cinéma, shopping…), vous ferez appel à un(e) baby-sitter, recruté(e) par le bouche-à-oreille, par une agence spécialisée ou par une annonce de quartier. Vous devrez définir un tarif horaire et les habitudes de bébé pour le bain, le repas, le coucher… Pensez également à expliquer la situation à votre enfant et à ne pas vous échapper dès l'arrivée du (ou de la) baby-sitter : restez un peu, le temps qu'ils fassent connaissance. Et surtout, laissez un numéro de téléphone où vous êtes joignable.

Pour vous dépanner, pensez aussi aux grands-parents et aux autres membres de la famille ainsi qu'à vos voisins et à vos amis.

Savoir partir et revenir

Quelle que soit la solution retenue, vous allez vous séparer de votre enfant pendant une durée plus ou moins longue. Il faut lui expliquer ce qui va se passer pour que votre départ se passe dans les meilleures conditions possibles. Confier son enfant est souvent plus difficile pour les parents, et plus encore pour la mère, que pour l'enfant qui va rapidement s'adapter. Le mieux est de ne pas le laisser trop longtemps au début pour qu'il ne soit pas perdu, puis d'augmenter peu à peu la durée de vos absences. À votre retour, discutez avec les personnes qui se sont occupées de votre bébé pour savoir comment s'est passée sa journée, puis profitez du moment qui suit pour partager avec lui un moment de complicité.

Sites Internet

Sites marchands
www.priceminister.com
www.jannonce.fr
www.toutpourbebe.fr
www.vertbaudet.fr

Sites santé/bien-être
www.medecin-osteopathe.org
www.ffst.fr
www.franceguide.com
www.thalazur.fr
www.jumeaux-et-plus.fr
www.sparadrap.org
www.peau-a-peau.be
www.pediatres.online.fr
www.sfpediatrie.com
www.sante.gouv.fr
www.massage-bebe.asso.fr

Sites gardes d'enfants/aides
www.fepem.fr
www.agence-nourrices.com
www.caf.fr
www.paris.fr

Sites conseils/discussions
http://forums.france5.fr/lesmaternelles
www.aufeminin.com
www.doctissimo.fr
www.myspace.com
www.infobebes.com

Sites administratifs
www.famili.fr
www.securite-sociale.fr
www.ameli.fr
www.service-public.fr
www.urssaf.fr

Numéros d'urgences :
SAMU (15) ; pompiers (18)

Adresses utiles

Informations, droits, conseils

- **Adessa, réseau des associations d'aide à domicile**
3, rue de Nancy
75002 Paris
Tél. : 01 55 33 14 30
www.federation-adessa.org

- **Caisse nationale d'allocations familiales (C.N.A.F.)**
32, avenue de la Sibelle
75685 Paris CEDEX 14
Tél. : 01 45 65 52 52
Pour tout renseignement s'adresser à sa CAF au 0820.257 510
www.caf.fr

- **Caisse nationale d'assurance maladie des travailleurs salariés (C.N.A.M.T.S.)**
26-50, avenue du Professeur André Lemierre
75986 Paris CEDEX 20
Tél. : 01 45 50 47 33
www.ameli.fr

- **Centre national d'information et de documentation des femmes et des familles (C.N.I.D.F.F.)**
7, rue du Jura
75013 Paris
www.infofemmes.com

- **Fédération nationale des particuliers employeurs (F.E.P.E.M.)**
18, rue Saint-Marc
75002 Paris
Tél. : 01 42 81 38 75
www.fepem.fr

- **La Leche League France**
BP 18 78620 L'étang-la-Ville
Tél. : 01 39 58 45 84
www.lllfrance.org

- **Ministère de la santé, des solidarités et de la famille**
4, avenue de Ségur
75350 Paris 07SP
Tél. : 01 40 56 60 00
www.sante.gouv.fr

• Ministère de l'emploi, du travail et de la cohésion sociale
127, rue de Grenelle
75007 Paris
Tél. : 01 44 38 38 38
www.travail.gouv.fr

• Siège des Caisses primaires d'assurance maladie de Paris (C.P.A.M.)
21, rue Georges-Auric
75948 Paris CEDEX 19
Tél. : 01 53 38 70 00 ou 0820.904 175
www.paris.ameli.fr

Enfants

• A.B.C. Puériculture (garde d'enfants)
7, rue La Fontaine
75016 Paris
Tél. : 01 40 50 13 64
www.abcpuericulture.asso.fr

• Accueil familial des jeunes étrangers (AFJE)
23 rue du Cherche midi
75006 Paris
Tél. : 01 42 22 50 34
www.afje.org

• Aide sociale à l'enfance (A.S.E.), Sous-direction des Actions familiales et éducatives, bureau des adoptions de la D.A.S.E.S.
94-96, quai de la Rapée
75012 Paris
Tél. : 01 43 47 75 38
Pour la province, se renseigner auprès des Directions régionales des affaires sanitaires et sociales (D.R.A.S.S.).

• Alliance Française
101, boulevard Raspail
75006 Paris
Tél. : 01 42 84 90 00
www.alliancefr.org

• Centre français de protection de l'enfance (C.F.P.E.)
23, place Victor Hugo
94270 Le Kremlin Bicêtre
Tél. : 01 43 90 63 00
www.cfpe.asso.fr

• Direction des affaires scolaires de la mairie de Paris (D.A.S.C.O.)
3, rue de l'Arsenal
75004 Paris
Infos mairie de Paris : 39.75

• Enfance et Partage
2-4, Cité de l'Ameublement
75011 Paris
Tél. : 01 65 25 65 65
Numéro Vert : 0800 05 12 34
www.enfance-et-partage.org

• Fédération des crèches parentales Association collective enfants parents professionnels (A.C.E.P.P.)
15, rue du Charolais
75012 Paris
Tél. : 01 44 73 85 20 (national)
Tél. : 01 40 09 50 55 (Île-de-France)

• Fédération Jumeaux et Plus
28, place Saint Georges
75009 Paris
Tél. : 01 44 53 06 03
Fax : 01 44 53 06 23
www.jumeaux-et-plus.asso.fr

• Nursing-relais des mamans
3, rue Cino-Del-Duca
75017 Paris
Tél. : 01 40 55 07 33

• S.O.S. urgences-mamans
56, rue de Passy
75016 Paris
Secrétariat national : 01 46 47 89 98
(permanence mardi et vendredi matin)
Pour retrouver le numéro de téléphone de votre région ou de votre arrondissement, vous pouvez également consulter le site www.sos-urgences-mamans.com

• Syndicat national professionnel des assistantes maternelles
Bat. Cévennes
19 bis, rue Blaise Pascal
78800 Houilles
Tél. : 01 30 86 94 76 ou 04 94 76 70 23
www.assistante-maternelle.org

Index

Et aussi chez Larousse...

L'AGENDA DE LA PREMIÈRE ANNÉE DE MON BÉBÉ

Un journal-agenda qui permet de suivre et de noter les progrès, les changements et les réactions de son bébé mois après mois.

▶ 128 pages illustrées
17,5 x 22,5 cm
12 euros

LE PETIT LAROUSSE DES BÉBÉS

Un ouvrage pratique qui répond de façon concrète aux multiples préoccupations des jeunes parents, de la naissance au premier anniversaire de leur bébé.

▶ 732 pages
14,7 x 21 cm
19,90 euros

LE PETIT LAROUSSE DES ENFANTS DE 0 À 3 ANS

Une encyclopédie pratique et actuelle pour aider les parents à accompagner leur enfant de la naissance à trois ans en répondant à toutes les questions.

▶ 480 pages illustrées
19,5 x 23,5 cm
24,90 euros

Photogravure Turquoise, Emerainville
Imprimé en Espagne par Graficas Estella, Estella
Dépôt légal : Janvier 2008
301291/04 - 11013767 novembre 2010